M000169362

Por:

_____

Con motivo de:

_____

Fecha:

_____

© 2011 por Casa Promesa

Impreso ISBN 978-1-64352-074-2

Ediciones eBook:
Edición Adobe Digital (.epub) 978-1-64352-369-9
Edición Kindle y MobiPocket (.prc) 978-1-64352-370-5

Susurros de Aliento
Título en Inglés: *Whispers of Encouragement*
© 2009 por Barbour Publishing, Inc.

Desarrollo editorial: *Semantics*, P.O. Box 290186, Nashville, TN 37229. semantics01@comcast.net

Publicado por Casa Promesa, 1810 Barbour Drive, Uhrichsville, Ohio 44683, www.casapromesa.com

Nuestra misión es inspirar al mundo con el mensaje transformador de la Biblia.

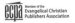

Member of the
Evangelical Christian
Publishers Association

Impreso en los Estados Unidos de América.

Susurros
de Aliento

Pensamientos diarios para la mujer

CASA PROMESA
Una división de Barbour Publishing, Inc.

ABRAZA HOY

Abraza lo maravilloso y lo
emocionante que trae cada día,
porque el futuro nos proporciona
nuevas oportunidades: tiempo
para experimentar... tiempo para
crear... tiempo para reflexionar...
tiempo para soñar.

AUTOR DESCONOCIDO

MIRA HACIA ADELANTE

Mañana es un nuevo día; lo empezarás serenamente y con suficiente ánimo como para superar los disparates de siempre. Este día es todo lo bueno y justo que puede ser; es demasiado precioso, con sus propias esperanzas e incitaciones, como para desperdiciar tiempo con el pasado.

RALPH WALDO EMERSON

NO ESTÁS SOLO

Padre, cuando llegan los
problemas no debo enfrentarlos
en soledad. Gracias por estar
siempre a mi lado como refugio y
fortaleza. Cuando todo lo demás
falla, pongo mi confianza en ti y
nunca me desilusionaré. Amén.

El amor de Dios está en todas partes

Qué alegría indescriptible para mí levantar la mirada hacia los manzanos florecidos y las hojas que se agitan, y ver allí el amor de Dios. Qué gozo escuchar al tordo que ha construido su nido entre esos árboles, y sentir en cada nota que le hincha la pequeña garganta el amor del Señor que cuida del ave. Qué felicidad mirar más allá de las brillantes profundidades azules del cielo, y sentir que son un dosel de bendiciones: el techo de la casa de mi Padre.

Elizabeth Rundell Charles

HERMOSA VIRTUD

La belleza es la marca que Dios pone en la virtud. Toda acción natural está llena de gracia; cada acto heroico también es digno, y hace resplandecer el lugar y a los espectadores.

RALPH WALDO EMERSON

EL DÍA DE HOY ES UN REGALO

Este día nuevo, prometedor y completo, con veinticuatro horas de oportunidades, alternativas y actitudes, viene con un juego perfectamente organizado de 1.440 minutos. Este obsequio exclusivo, esta jornada única, no se puede intercambiar, reemplazar o devolver. Trátalo con cuidado. Sácale el máximo provecho.

AUTOR DESCONOCIDO

FE COMO UNA SEMILLA DE MOSTAZA

Les aseguro que si tienen fe tan
pequeña como un grano de
mostaza, podrán decirle a esta
montaña: «Trasládate de aquí
para allá», y se trasladará. Para
ustedes nada será imposible.

MATEO 17.20–21 NVI

ACCIONES CARIÑOSAS

Muy a menudo subestimamos
el poder de una caricia, una
sonrisa, una palabra amable,
un oído presto a escuchar, un
elogio sincero, o las acciones más
insignificantes de afecto, todo
lo cual tiene el potencial para
cambiar vidas.

LEO BUSCAGLIA

Nuestra única respuesta

Somos tan valiosos para
Dios que él vino a vivir entre
nosotros... para guiarnos a
casa. Será capaz de todo por
buscarnos, hasta ser levantado
sobre una cruz para acercarnos
a él. Solamente podemos
responder amando a Dios a
causa de su amor.

Catherine de Siena

ALEGRÍAS COTIDIANAS

Las responsabilidades diarias
son alegrías habituales, porque
resultan ser algo que Dios nos
da para que le ofrezcamos a él y
para dar lo mejor de nosotros en
reconocimiento de su amor.

EDWARD BOUVERIE PUSEY

El sol aún brilla

Incluso en invierno, hasta en medio de la tormenta, el sol aún está allí, en alguna parte, arriba en las nubes, todavía brillando, calentando y atrayendo la vida enterrada en lo profundo de las ramas secas y la tierra congelada. ¡El sol aún está allí! ¡Llegará la primavera! ¡Las nubes no pueden permanecer por siempre!

GLORIA GAITHER

LO QUE NECESITAMOS

No necesitamos nueva luz sino
nueva visión, no nuevas sendas
sino fortaleza para caminar
por las antiguas, no nuevos
deberes sino sabiduría de lo alto
para cumplir con los que son
evidentes delante de nosotros.

AUTOR DESCONOCIDO

VIVE COMO HAS IMAGINADO

Si alguien avanza confiadamente
en la dirección de sus sueños
y esfuerzos para vivir como ha
imaginado, alcanzará éxitos
inesperados en momentos
normales. ¡Ve confiadamente en
la dirección de tus sueños! ¡Vive
la vida que has imaginado!

HENRY DAVID THOREAU

CORRAMOS CON PACIENCIA

Corramos con paciencia la
carrera que tenemos por delante,
puestos los ojos en Jesús, el autor
y consumador de la fe, el cual
por el gozo puesto delante de él
sufrió la cruz, menospreciando
el oprobio, y se sentó a la diestra
del trono de Dios.

HEBREOS 12.1-2

Viaje de descubrimiento

Todos somos inventores, cada
uno de nosotros zarpa en
un viaje de descubrimiento,
guiados por una carta marina
privada, la cual es única. El
mundo está lleno de puertas y
oportunidades.

Ralph Waldo Emerson

RODEADOS POR DIOS

Asombran los milagros que el
Señor obra en las voluntades
entregadas por completo a él.
Dios hace fáciles las cosas difíciles,
y endulza las amargas. No es que
ponga cosas fáciles en vez de las
difíciles sino que en realidad
cambia lo difícil en fácil.

HANNAH WHITALL SMITH

MI ANCLA ME SOSTIENE

Me sostiene, mi ancla me sostiene;
Sopla entonces lo que más puedas,
Oh tormenta, sobre mi barca tan
pequeña y frágil,
Por la divina gracia no fracasaré,
Porque mi ancla me sostiene,
Mi ancla me sostiene.

W. C. MARTIN

UNA FE SÓLIDA

Cuando tu fe es fuerte
descubrirás que ya no necesitas
tener la sensación de controlar
las circunstancias; descubrirás
que estas fluirán como debe ser,
y que tú fluirás con ellas, para tu
gran deleite y beneficio.

EMMANUEL TENEY

MOTIVO DEL VIAJE

Podremos correr, andar,
tambalearnos, conducir o
volar, pero nunca perdamos
de vista la razón del viaje
o desaprovecharemos la
oportunidad de ver un arcoíris
en el trayecto.

GLORIA GAITHER

DIOS CUIDARÁ DE TI

Padre, ayúdame a comprender
que mis deseos son temporales e
insignificantes. Déjame reposar
en ti, Señor, con la tranquilidad
de saber que cuidarás de mí.
Amén.

El Señor ha dispuesto un camino

Yo sé muy bien los planes que
tengo para ustedes —afirma el
SEÑOR—, planes de bienestar y
no de calamidad, a fin de darles
un futuro y una esperanza.
Entonces ustedes me invocarán,
y vendrán a suplicarme, y yo los
escucharé.

JEREMÍAS 29.11–12

Hoy es tu mejor día

Como hijo de Dios, hoy es tu
mejor día porque dependes total
y absolutamente de él; Dios es tu
roca, tu única certeza, tu única
seguridad y tu única esperanza.

Roy Lessin

DIOS YA ESTÁ ALLÍ

Dios está en el frente; está en
el mañana. Está en el futuro
que nos llena de espanto. Él ya
está allí. Todos los mañanas de
nuestra vida deben pasar frente a
él antes de que nos lleguen.

F. B. MEYER

PERMANECE CON DIOS

⤞⤝

Añoro escenas en las que
   el hombre nunca fue subyugado;
Un lugar donde la mujer
   nunca sonrió ni lloró;
Para habitar allí
   con Dios mi creador,
Y reposar como en aquella infancia
   dulcemente adormecida;
Apacible y despejado
   donde yo me recueste;
Con el césped por debajo,
   y por encima el cóncavo cielo.

JOHN CLARE

LO HARÉ

Soy solamente un ser humano,
pero soy único. No puedo
hacerlo todo, pero puedo hacer
algo. Y lo que pueda hacer, lo
haré por la gracia de Dios.

DWIGHT L. MOODY

HEME AQUÍ

Heme aquí, Señor, en
cuerpo, alma y espíritu. Haz
que con tu amor yo pueda
ser suficientemente grande
para alcanzar el mundo, y
suficientemente pequeño para
ser uno contigo.

MADRE TERESA

DIAMANTES EN BRUTO

Vigila bien tus ratos libres;
son como diamantes en bruto.
Descártalos, y nunca conocerás su
valor. Mejóralos y se convertirán
en las joyas más resplandecientes
en una vida útil.

RALPH WALDO EMERSON

Dios te invita a esperar

Pido también que les sean
iluminados los ojos del corazón
para que sepan a qué esperanza
él los ha llamado, cuál es la
riqueza de su gloriosa herencia
entre los santos, y cuán
incomparable es la grandeza
de su poder a favor de los que
creemos.

Efesios 1.18–19 nvi

REACCIONA CON ALABANZA

Siempre que reaccionas con
alabanza y gratitud ante una
oportunidad para llegar a ser
más como Jesús, descubrirás que
toda situación se transformará
en una gran bendición, según
la manera en que reacciones a
las circunstancias y en lugar de
quejarte o sentir autocompasión.

HANNAH HURNARD

LA BELLEZA DE LA PAZ DIVINA

Vierte el rocío de calma
   que aun posees,
Hasta que todas nuestras luchas
   cesen;
Quita de nuestras almas
   la tensión y el estrés,
Y deja que nuestras
   ordenadas vidas confiesen
La belleza de tu paz.

JOHN G. WHITTIER

LA MAREA CAMBIARÁ

Cuando ingreses a un lugar
estrecho en que todo está contra
ti, y donde incluso parece
que no puedes soportar un
minuto más, resiste, porque
ese es exactamente el lugar y
el momento en que la marea
cambiará.

HARRIET BEECHER STOWE

BENDICIONES ACTUALES

Cavila en tus actuales
bendiciones, de las cuales todo
hombre tiene muchas, y no en
tus desventuras pasadas de las
cuales todos los hombres tienen
algunas.

CHARLES DICKENS

MANTENTE FIEL A LAS ENSEÑANZAS DIVINAS

Jesús se dirigió entonces a los judíos que habían creído en él, y les dijo: «Si se mantienen fieles a mis enseñanzas, serán realmente mis discípulos; y conocerán la verdad, y la verdad los hará libres».

JUAN 8.31–32 NVI

ALEGRÍA GRATIFICANTE

La maravillosa riqueza de la experiencia humana perdería algo de alegría gratificante si no existieran limitaciones que superar. La hora cumbre no sería ni la mitad de maravillosa si no hubiera valles oscuros que atravesar.

HELEN KELLER

ERES INDISPENSABLE

Todos tenemos un papel único
que cumplir en el mundo, el
cual es importante en algún
aspecto. Todas las personas,
incluyéndote de manera especial,
son indispensables.

NATHANIEL HAWTHORNE

GRATITUD

Señor, gracias por cada
bendición, tanto grande como
pequeña. Ayúdame a estar más
consciente de las maneras en que
me cuidas para que mi gratitud
pueda seguir creciendo. Amén.

LA FE ILUMINA EL CAMINO

Por sombrío que mi camino
pueda parecer a otros, llevo una
luz mágica en mi corazón. La
fe, el fuerte reflector espiritual,
ilumina el sendero, y aunque
siniestras dudas acechan en la
sombra, me dirijo sin temor
hacia el bosque encantado,
donde el follaje siempre es verde,
donde mora la alegría... en la
presencia del Señor.

HELEN KELLER

EL SEÑOR RESTAURA

[Dios] Levanta del polvo al
desvalido y saca del basurero al
pobre para sentarlos en medio
de príncipes y darles un trono
esplendoroso. Del SEÑOR son
los fundamentos de la tierra;
¡sobre ellos afianzó el mundo!

1 SAMUEL 2.8–9 NVI

MIEDO EN EL ROSTRO

Obtienes fortaleza, valor y
confianza con cada experiencia en
que realmente dejas de mirar el
temor en el rostro. Debes hacer lo
que crees no poder hacer.

ELEANOR ROOSEVELT

PIDE GRACIA

Cada día la gracia está disponible
para nosotros... pero recordemos
pedirla con corazón agradecido,
sin preocuparnos por no saber si
mañana habrá suficiente.

SARAH BAN BREATHNACH

FE CON LIBERTAD

Mientras reine la fe con libertad,
Y sobreviva la esperanza leal,
Y permanezca la misericordiosa
　caridad
Para transformar humildes vidas;
Mientras haya un trayecto inexplorado
Para el intelecto o la determinación,
Y los hombres sean libres para pensar
　y actuar,
Aún vale la pena vivir.

ALFRED AUSTIN

EL DON DE HACER AMIGOS

Bienaventurados aquellos con el
don de hacer amigos, porque este
es uno de los mejores regalos de
Dios. Involucra muchas cosas,
pero sobre todo poder para salir
de uno mismo y apreciar lo
noble y tierno en otras personas.

THOMAS HUGHES

SÉ ÚTIL PARA LA OBRA DE DIOS

Simplemente tienes que ser tú mismo, a cualquier edad, así como Dios te hizo, disponible para él de tal modo que pueda obrar en ti y a través de ti para atraer su reino y su gloria a este mundo.

LUCI SWINDOLL

VAYAMOS A SERVIR

Tu corazón palpita con el amor
de Dios; ábrelo a otros. Él te
ha confiado dones y talentos;
úsalos para su servicio. El Señor
va delante de ti en cada paso del
camino; anda en fe. Ten valor.
Sal a lo desconocido con Aquel
que lo sabe todo.

ELLYN SANNA

POR SIEMPRE

Por siempre, Señor... qué
alentadoras son estas palabras.
Tenemos toda la eternidad
para pasarla contigo en el cielo.
Gracias por este don inefable.
Gracias por ser el alfa y la omega,
el primero y el último. Amén.

EL MUNDO DE LOS GENEROSOS

Unos dan a manos llenas, y
reciben más de lo que dan. ...El
que es generoso prospera; el que
reanima será reanimado.

PROVERBIOS 11.24–25 NVI

MI CORONA

Mi corona está en el corazón,
  no en la cabeza,
No adornada con diamantes
  ni piedras preciosas de la India,
Tampoco para ser vista;
  mi corona se llama contentamiento;
Es una corona que rara vez
  disfrutan los reyes.

WILLIAM SHAKESPEARE, ENRIQUE VI

ÉXITO EN LA VIDA

Si quieres triunfar en la vida, haz
de la perseverancia tu amiga del
alma, de la experiencia tu sabia
consejera, de la prudencia tu
hermana mayor, y de la esperanza
tu genio guardián.

JOSEPH ADDISON

HACER LO IMPOSIBLE

La excelencia se puede lograr si todo te importa más de lo que los demás creen que sea prudente, si te arriesgas más de lo que otros creen que sea seguro, si sueñas más de lo que la gente cree que sea práctico, y si esperas más de lo que otros creen que sea posible.

AUTOR DESCONOCIDO

LLEVA FELICIDAD A LOS DEMÁS

Intenta al menos hacer feliz a
una persona cada día, y entonces
en diez años habrás hecho felices
a tres mil seiscientas cincuenta
personas, o habrás iluminado
un pequeño pueblo al contribuir
con la satisfacción general.

SYDNEY SMITH

Amor y amistad

El amor humano y el encanto de la
amistad, en los cuales se cimientan
los recuerdos que perduran,
también se deben atesorar como
indicios de lo por venir.

Bede Jarrett

LA FUERZA DE LA ALEGRÍA

Maravillosa es la fuerza de
la alegría, y su poder de
permanencia: el individuo alegre
hará más en el mismo tiempo,
lo hará mejor, y lo conservará
por más tiempo que el triste o
huraño.

THOMAS CARLYLE

LOS QUE ESPERAN EN DIOS

Aun los jóvenes se cansan,
se fatigan, y los muchachos
tropiezan y caen; pero los
que confían en el SEÑOR
renovarán sus fuerzas; volarán
como las águilas: correrán y no
se fatigarán, caminarán y no se
cansarán.

ISAÍAS 40.30-31 NVI

LO QUE ESPERA EN EL HORIZONTE

Lo mejor que podemos esperar
en esta vida es mirar a hurtadillas
esas realidades que brillan
por delante. Con todo, una
ojeada basta. Es suficiente para
convencer a nuestros corazones
que sin importar los sufrimientos
y dolores que actualmente nos
asaltan, no valen la pena en
comparación con lo que nos
espera en el horizonte.

JONI EARECKSON TADA

GOZO

El gozo es oración. El gozo es
fortaleza. El gozo es amor. El
gozo es una red de amor con la
que puedes enganchar almas;
ofrece más a quien da con gozo.

MADRE TERESA

ESCULPE TU NOMBRE
SOBRE CORAZONES

Un buen carácter es la mejor
lápida. Quienes te amaron y
recibieron tu ayuda te recordarán
cuando los nomeolvides se hayan
marchitado. Esculpe tu nombre
sobre corazones, y no sobre
mármol.

CHARLES H. SPURGEON

LA FELICIDAD DE LA VIDA

La felicidad de la vida se
compone de fracciones de
minutos: las pequeñas y pronto
olvidadas benevolencias de un
beso, de una sonrisa, de una
mirada amable o de un elogio
sincero.

SAMUEL TAYLOR COLERIDGE

AMA SIN EGOÍSMO

En lugar de ser infeliz,
simplemente deja que tu amor
crezca como Dios desea que crezca.
Busca bondad en otros. Ama a
más personas de manera más...
desinteresada, sin pensar en la
recompensa. No te preocupes, la
recompensa llegará sola.

HENRY DRUMMOND

En vez de preocuparte, ora

No se inquieten por nada; más
bien, en toda ocasión, con
oración y ruego, presenten sus
peticiones a Dios y denle gracias.
Y la paz de Dios, que sobrepasa
todo entendimiento, cuidará sus
corazones y sus pensamientos en
Cristo Jesús.

FILIPENSES 4.6-7 NVI

EL CONSUELO DEL PADRE

Padre celestial, me resulta difícil
hallar tiempo para relajarme.
Gracias por obligarme a reposar
aunque no quiera hacerlo.
Gracias por conducirme a aguas
tranquilas cuando necesito
consuelo. Amén.

ESPERANZA

Esperanza no es la convicción
de que algo se tornará a
nuestro favor, sino la certeza
de que algo tiene sentido
independientemente de cómo
resulte.

VÁCLAV HAVEL

VAYAMOS POR LA SENDA DE DIOS

La fortaleza y la felicidad de una persona consisten en descubrir el camino por el que Dios va, y transitar también por esa senda.

HENRY WARD BEECHER

LA PALABRA DE DIOS

La palabra de Dios es viva y
eficaz, y más cortante que toda
espada de dos filos; y penetra
hasta partir el alma y el espíritu,
las coyunturas y los tuétanos, y
discierne los pensamientos y las
intenciones del corazón.

HEBREOS 4.12

El Espíritu de Dios nos cambia

El Señor nos ofrece su Espíritu,
no solo como un aliciente sino
como transformador del corazón.
Él entra en nosotros y empieza a
rediseñar nuestra vida interior.
De repente nuestras acciones
y palabras son verdaderas,
amables y justas. Ya no reflejan la
oscuridad que nuestros corazones
pintaba sino el colorido arcoíris
de las bendiciones divinas.

Pamela McQuade

NO HAY LÍMITE PARA LAS BENDICIONES DIVINAS

El amor de Dios no tiene límites,
Su gracia no tiene medida,
Su poder es sin confines
   conocidos por los hombres;
Porque de sus riquezas infinitas
   en Jesús
Da, da y da otra vez.

ANNIE J. FLINT

¡EL FUTURO COMIENZA AHORA!

¡Alabado sea Dios, Padre de
nuestro Señor Jesucristo! Por su
gran misericordia, nos ha hecho
nacer de nuevo mediante la
resurrección de Jesucristo, para
que tengamos una esperanza
viva y recibamos una herencia
indestructible, incontaminada
e inmarchitable. Tal herencia
está reservada en el cielo para
ustedes.

1 PEDRO 1.3-4 NVI

ALÉGRATE POR LA VIDA

Alégrate por la vida, ya que te da
la oportunidad de amar, trabajar,
jugar y mirar las estrellas;
de estar satisfecho con tus
posesiones... de rara vez pensar
en tus enemigos, con frecuencia
cavilar en tus amigos, y cada día
reflexionar en Cristo; y de pasar
tanto tiempo como puedas al
aire libre con Dios, en cuerpo
y espíritu... estos son pequeños
hitos en la senda de la paz.

HENRY VAN DYKE

SÉ LA BONDAD DE DIOS

No permitas que alguien llegue a
ti sin que salga mejor y más feliz.
Sé la expresión viva de la bondad
divina: bondad en tu rostro,
bondad en tus ojos, bondad en
tu sonrisa.

MADRE TERESA

CONSERVA LA FELICIDAD Y LA ALEGRÍA

La alegría es el fuego sagrado
que mantiene caliente nuestro
propósito y radiante nuestra
inteligencia. Trabajar sin
alegría equivale a nada. Decide
mantenerte feliz, y tú y tu alegría
formarán un ejército invencible
contra las dificultades.

HELEN KELLER

Una santidad en lágrimas

Existe una santidad en lágrimas.
Estas no son señal de debilidad
sino de poder. Hablan con
más elocuencia que diez mil
lenguas. Son mensajeros de
dolor abrumador, de profundo
arrepentimiento, y de amor
indescriptible.

Washington Irving

QUÉ HERMOSO ES ESTAR VIVO

¡Qué hermoso es estar vivo!
Despertar cada mañana
   como si la gracia del Creador
Nos renovara
   sin motivo aparente,
De modo que podamos cantar
«¡Qué feliz es nuestro caso!
¡Qué hermoso es estar vivo!»

HENRY SEPTIMUS SUTTON

Soy tu hijo

Señor, soy tu hijo, y te deleitas
en mí cada vez que caigo. Me
levantas, me abrazas, y me
animas a intentar de nuevo.
Gracias por regocijarte en mí.

RACHEL QUILLIN Y NANCY J. FARRIER

ESPERANZA: ¡EL SOL DE LA FORTALEZA!

¡La esperanza me riega
  el corazón con alegría!
Corriendo en el aire, delirante de vida,
  rauda, vertiginosa,
Hacia lo alto puedo montar: miro por fe,
  vivir es sentir.
¡La esperanza es el sol de la fortaleza!

MARGARET WITTER FULLER

LOS DÍAS DE LA INFANCIA

Déjame jugar al sol;
Permíteme cantar de alegría;
Déjame crecer en la luz;
Permite que chapotee en la lluvia,
Y recuerda por siempre los días
de mi infancia.

AUTOR DESCONOCIDO

ESPERA EN EL SEÑOR

Espero al SEÑOR, lo espero
con toda el alma; en su palabra
he puesto mi esperanza. Espero
al SEÑOR con toda el alma,
más que los centinelas la
mañana. ... Porque en él hay
amor inagotable; en él hay plena
redención.

SALMOS 130.5-7 NVI

CORAZONES JÓVENES Y OJOS ABIERTOS

La mitad de la alegría de vivir
está en pequeñeces tomadas a la
ligera. Corramos si debemos...
pero mantengamos jóvenes
nuestros corazones y abiertos
nuestros ojos para que no se
nos escape nada que valga la
pena. Y todo vale la pena si
lo entendemos y captamos su
significado.

CHARLES VICTOR CHERBULIEZ

NO MÁS TEMOR

Señor, quítame los temores que
me atan para que pueda ser
feliz sabiendo que estás allí para
consolarme... sin importar lo que
pase. Amén.

Un brinco ascendente del corazón

La oración es un brinco ascendente
del corazón, una mirada serena
hacia el cielo, un grito de gratitud
y amor que emito tanto desde las
profundidades del dolor como
desde las alturas del gozo. Tiene
grandeza sobrenatural que expande
el alma y la une con Dios.

Thérése de Lisieux

POLVO EN LA BALANZA

Toda la alegría y el deleite,
todos los placeres que mil
mundos pudieran ofrecer, son
como polvo en la balanza al
compararlos con una hora de
este intercambio mutuo de amor
y comunión con el Señor.

CORA HARRIS HACILRAVY

ALABANZAS POR EL PAGO
DE BENDICIONES

El sol... en toda su gloria,
Ya sea al salir o ponerse... esta
Y muchas otras bendiciones
   parecidas disfrutamos a diario;
Y para la mayoría de ellas,
Debido a que son tan comunes,
La mayoría de hombres olvida
   pagar con alabanzas.
Pero no permitamos que esto
suceda.

IZAAK WALTON

DEPENDENCIA EN DIOS

Comencemos a partir de este
momento a reconocer a Dios en
todos nuestros caminos, y a hacer
todo, lo que sea, como servicio a
él y para su gloria, dependiendo
solo en él para sabiduría,
fortaleza, dulzura y paciencia.

HANNAH WHITALL SMITH

Miremos hacia adelante
con esperanza

No esperes con temor los
cambios y las oportunidades de
esta vida; más bien míralos con
total esperanza mientras surgen,
pues Dios, a quien perteneces, te
quitará esos temores.

San Francisco de Sales

El valor proviene del corazón

La palabra *valor* viene del vocablo
latino para *corazón*... y el valor
nace en el corazón. Las acciones
valerosas vienen del corazón. Y
una vida valiente se vive desde
el corazón. Así que vive desde tu
corazón, y entrelazado en tu vida
hallarás el valor que necesitas.

AUTOR DESCONOCIDO

OTRA OPORTUNIDAD

Si has cometido equivocaciones,
incluso graves, siempre hay
otra oportunidad para ti. No
llamamos fracaso a caer sino a
permanecer caídos.

MARY PICKFORD

COMO TE VEN LOS DEMÁS

Una cosa daría a mi amigo, si
pudiera darle una sola, desearía
para ti la habilidad de que te
veas como otros te ven. Entonces
comprenderías que eres alguien
realmente especial.

B. A. BILLINGSLY

Contar flores

Cuando empezamos a contar flores,
  dejamos de contar malezas;
Cuando comenzamos a contar
bendiciones, dejamos de contar
  necesidades;
Cuando principiamos a contar risas,
  dejamos de contar lágrimas;
Cuando empezamos a contar
recuerdos, dejamos de contar años.

Autor desconocido

RUMBO A LA ETERNIDAD

El río de tu gracia
   fluye libremente;
Nos lanzamos a las profundidades
   para navegar hacia ti
En el océano de tu amor
   pronto estaremos;
Navegamos hacia la eternidad.

PAUL RADER

CONSUELO ETERNO

Que nuestro Señor Jesucristo
mismo y Dios nuestro Padre,
que nos amó y por su gracia
nos dio consuelo eterno y una
buena esperanza, los anime y les
fortalezca el corazón, para que
tanto en palabra como en obra
hagan todo lo que sea bueno.

2 TESALONICENSES 2.16–17 NVI

CARGA DE DIOS

Una carga, por pequeña que sea,
puede destruirnos si se la lleva
de forma aislada y en soledad,
pero cuando se la lleva como
parte de la carga de Dios puede
conducirnos a nueva vida. Este
es el gran misterio de nuestra fe.

HENRI NOUWEN

CONFÍA EN DIOS

Toma las horas, los minutos y los instantes como vienen: uno a la vez. No te adelantes. Haz lo que puedas hacer ahora ... y al final del día, deja que este se vaya. Pon en manos de Dios todo lo que se dejó de hacer. El Señor obra en maneras que no puedes ver. Confía en él. Duerme... descansa... relájate en sus brazos.

ELLYN SANNA

COSAS SENCILLAS

Cuando sacamos tiempo para
observar las cosas simples de
la vida no nos falta estímulo.
Descubrimos que estamos
rodeados de esperanza sin límites
que simplemente está usando
ropa informal.

ANÓNIMO

El Padre guía

Padre, me desanimo cuando
no sé qué camino tomar.
Recuérdame que estás
exactamente detrás de mí,
diciéndome en qué sendero
girar. Ayúdame a estar quieto y
escuchar tu guía. Amén.

Obedece la enseñanza de Jesús

Respondió Jesús y le dijo: El que
me ama, mi palabra guardará; y
mi Padre le amará, y vendremos a
él, y haremos morada con él.

JUAN 14.23

La esperanza no falla

Cuando Dios nos sostiene, el
cansancio no tiene por qué
destruirnos. Podemos descansar
en él, y luego continuar con paso
firme. A través de la oración y
las Escrituras viene refrigerio
junto con un nuevo sentido de
propósito. La esperanza no falla
cuando se pone en el Salvador.

Pamela McQuade

OBLIGADO A SER VERAZ

No estoy obligado a ganar, pero
sí a ser veraz. No estoy obligado
a triunfar, pero sí a vivir por
la luz que tengo. Debo apoyar
a cualquiera que haga justicia,
permanecer con esa persona
mientras sea justa, y retirarme de
su compañía cuando se descarríe.

ABRAHAM LINCOLN

CREACIÓN ÚNICA

La forma en que estás
estructurado es única, diferente
de cualquier otra. Aun gemelos
idénticos se pueden distinguir
por la voz o los gestos. Dios te ha
diseñado fantásticamente bien.
Él piensa en ti en todo minuto
de cada día, y tiene un propósito
especial para ti, un lugar que solo
tú puedes llenar.

LORI SHANKLE

VIVIR A PLENITUD

Pido, pues, que conozcan ese
amor, que es mucho más grande
que todo cuanto podemos
conocer, para que lleguen a
colmarse de la plenitud total de
Dios. Y ahora, gloria sea a Dios,
que puede hacer muchísimo más
de lo que nosotros pedimos o
pensamos, gracias a su poder que
actúa en nosotros.

EFESIOS 3.19-20 DHH

Una estructura mayor

Hay algo satisfactorio, rejuvenecedor y vivificante acerca de las estaciones. Me recuerdan que represento una pequeña parte en una estructura mucho mayor... que hay un impulso, una secuencia y una travesía que la mano del mismísimo Dios pone en marcha.

Karen Scalf Linamen

DONDE A DIOS LE GUSTA HABITAR

Toda la gloria y la belleza del
Señor vienen de adentro, y a
él le agrada morar allí, donde
sus visitas son frecuentes,
su conversación dulce, sus
consuelos refrescantes, y su paz
sobrepasa todo entendimiento.

THOMAS Á KEMPIS

Abrir de par en par

Abramos de par en par las
ventanas de nuestro espíritu y
llenémonos totalmente de luz;
abramos de par en par la puerta
de nuestros corazones para que
podamos recibir y hospedar al
Señor con todas nuestras fuerzas
de adoración.

Christina Rossetti

Una antorcha brillante

Para mí la vida no es una vela de breve duración. Es una clase de antorcha espléndida que debo sostener por el momento, y que quiero que arda con tanto brillo como sea posible antes de pasarla a futuras generaciones.

George Bernard Shaw

PALABRAS AMABLES

Las palabras amables producen
su propia imagen en las almas
de los hombres, imagen que
es hermosa. Ellas apaciguan,
tranquilizan y consuelan a
quien las oye. Todavía no hemos
empezado a utilizar palabras
amables en tal abundancia como
deberíamos hacerlo.

BLAISE PASCAL

El Buen Pastor

Padre, tu guía es digna de
confianza. Eres nuestro Buen
Pastor. Nos llevas a lugares de
descanso cuando lo necesitamos.
Gracias por tu dirección. Amén.

DIOS INFUNDE ALIENTO
Y PERSEVERANCIA

Todo lo que se escribió en
el pasado se escribió para
enseñarnos, a fin de que,
alentados por las Escrituras,
perseveremos en mantener
nuestra esperanza. Que el
Dios que infunde aliento y
perseverancia les conceda vivir
juntos en armonía, conforme al
ejemplo de Cristo Jesús.

ROMANOS 15.4-5 NVI

Cultivemos el espíritu de serenidad

Haz lo que sea necesario para
alimentar el espíritu de serenidad
en tu vida. No permitas que
el enemigo te desgaste tanto
que pierdas tu equilibrio y
perspectiva. Un tiempo regular
de quietud es tan importante
y necesario como el sueño,
el ejercicio y la alimentación
nutritiva.

Emilie Barnes

DIRECTO RESPLANDOR

Así como el resplandor del alma
acicala el semblante, también
el mundo se hermosea cuando
emite el brillo de Dios.

FRIEDRICH HEINRICH JACOBI

APRECIEMOS LA BELLEZA
Y LO MARAVILLOSO

Cada día me parece demasiado
corto para todos los
pensamientos que quiero tener,
todas las caminatas que deseo
dar, todos los libros que anhelo
leer, y todos los amigos que
pretendo ver. Mientras más vivo,
más cavila mi mente en la belleza
y la maravilla del mundo.

JOHN BURROUGHS

Como soy

Gracia significa que Dios me
acepta exactamente como soy. Él
no requiere o insiste en que me
compare con el nivel de rendimiento
de alguien más. El Señor me ama
completa, cabal y perfectamente.
No puedo hacer nada para añadir o
restar de ese amor.

Mary Graham

CUMPLIMIENTO INEXPRESABLE

De vez en cuando en mi vida
existen esos momentos de
plenitud inexpresable que no
se pueden explicar totalmente
mediante aquellos símbolos
llamados palabras. Sus
significados solo se pueden
articular por medio del inaudible
lenguaje del corazón.

MARTIN LUTHER KING, HIJO.

El Señor será tu confianza

No temerás ningún desastre repentino, ni la desgracia que sobreviene a los impíos. Porque el SEÑOR estará siempre a tu lado y te librará de caer en la trampa.

Proverbios 3.25–26 NVI

DEJA TRAS DE TI UN
ESPERANZADOR IMPULSO

Todo corazón que ha palpitado
fuerte y alegremente ha dejado
tras sí un esperanzador impulso
en el mundo y ha mejorado la
tradición de la humanidad.

ROBERT LOUIS STEVENSON

Brillar sobre otros

Amado Señor... brilla a través
de mí, y hazlo de tal manera
que cada persona con quien
me contacte pueda sentir tu
presencia en mi alma. Permíteme
por tanto alabarte en la manera
en que más te gusta: brillando
sobre aquellos que están a mi
alrededor.

John Henry Newman

Una voz suave y apacible

Hay una voz, «una suave y
   apacible voz» de amor,
Que se escucha desde lo alto;
Pero no entre el estruendo
   de sonidos terrenales,
Lo cual aturde aquí abajo;
Mejor la oyen quienes se apartan,
Y paz, dulce paz
Se respira en cada palabra amable.

Autor desconocido

¡DESCUBRE LAS BUENAS NUEVAS!

Cada persona lleva buenas
noticias en su interior. ¡La buena
nueva es que no sabes cuán
fabuloso puedes ser! ¡Cuánto
puedes amar! ¡Qué puedes
lograr! ¡Y cuál es tu potencial!

ANNE FRANK

Un espíritu agradecido

Que sea una norma para ti
agradecer y alabar a Dios por
todo lo que te ocurre, porque es
un hecho que cualquier aparente
calamidad que te suceda la
puedes convertir en bendición si
agradeces y alabas al Señor por ella.
Por consiguiente, podrías obrar
milagros. No podrías hacer más por
ti mismo que mediante este espíritu
agradecido; porque sana con una
palabra expresada y convierte en
felicidad todo lo que toca.

WILLIAM LAW

Sigue moviéndote en la dirección correcta

Descubro que lo grandioso en este mundo no es tanto dónde estamos sino en qué dirección nos movemos. Para llegar al puerto del cielo a veces debemos navegar a favor del viento y en ocasiones en contra... pero debemos navegar y no andar a la deriva ni permanecer anclados.

Oliver Wendell Holmes

DIOS PROMETE VIDA ETERNA

Nuestra esperanza es la vida
eterna, la cual Dios, que no
miente, ya había prometido antes
de la creación.

TITO 1.2 NVI

DIOS ESTÁ EN TODAS PARTES

No hay color que
  a la rosa pinte
O que al hermoso lirio engalane,
O que marque a la más humilde
  flor que se abre,
Pero Dios lo ha puesto allí. ...
No hay un lugar
  en la inmensidad de la tierra,
En lo profundo del océano
  o en el aire,
Donde no se encuentre amor
  y belleza,
Porque Dios está en todas partes.

AUTOR DESCONOCIDO

CONFÍA EN EL SEÑOR

Confía en él cuando tenebrosas
   dudas te asalten
Confía en él cuando
   tus fuerzas cedan,
Confía en él cuando
   simplemente debas confiar
Parece lo más difícil de todo.
Confía en él, porque siempre es fiel;
Confía en él, porque es el mejor;
Confía en él, por el corazón de Jesús,
Es el único lugar en que
   se halla descanso.

MISIONES SALESIANAS

DIOS HIZO Y AMA TODO

Habla, Señor, porque
   tu siervo oye,
Expresa paz a mi alma ansiosa,
Y ayúdame a sentir
   que todos mis caminos
Están bajo tu sabio control;
Aquel que cuida de los lirios,
Y presta atención a la caída
   de los gorriones,
Guiará tiernamente
   a su amado hijo:
Porque él hizo y ama todo.

AUTOR DESCONOCIDO

ESPÍRITU DEL AMOR

Al reflexionar en tu pasado
descubrirás que los momentos
en que realmente has vivido son
aquellos en que hiciste cosas en
el espíritu del amor.

HENRY DRUMMOND

ALABA, NO TE QUEJES

No hay duda, Señor. Has
dejado en claro que debo ser
feliz en todo cuanto emprendo.
La próxima vez que sienta
la tentación de quejarme
de los montones de trabajo,
recuérdame que cambie las
quejas en alabanza. Amén.

IMPARTE FELICIDAD

Que un día particular te
traiga más felicidad o mayor
sufrimiento es algo que en gran
manera está fuera de tu poder de
decisión. Que cada día de tu vida
te dé felicidad o sufrimiento está
dentro de ti.

GEORGE S. MERRIAM

CONFIANZA EN DIOS

No pongo mi esperanza en mis
fuerzas ni en mis obras, sino
que toda mi confianza está en
Dios mi protector, quien nunca
abandona a quienes han puesto
la esperanza y el pensamiento en
él.

FRANÇOIS RABELAIS

TODA TAREA IMPORTA

Anhelo llevar a cabo tareas
grandes y nobles, pero mi
deber principal es hacer labores
humildes como si fueran
grandes y nobles. El mundo
avanza no solo por los poderosos
empellones de sus héroes, sino
también por los empujoncitos de
cada trabajador honesto.

HELEN KELLER

SALIR CON ALEGRÍA

Ustedes saldrán con alegría
y serán guiados en paz. A su
paso, las montañas y las colinas
prorrumpirán en gritos de júbilo
y aplaudirán todos los árboles del
bosque.

ISAÍAS 55.12 NVI

¡QUE JESUCRISTO SEA ALABADO!

Cuando la mañana aparece
en los cielos, mi iluminado
corazón clama: ¡Que Jesucristo
sea alabado! Igual en el trabajo
que cuando oro, a Jesús imploro:
¡Que Jesucristo sea alabado!

JOSEPH BARNBY

Un Padre tierno

Dios es un Padre tierno. A
todos nos sitúa en los lugares
donde desea emplearnos; y esa
labor constituye en realidad
«los negocios de nuestro Padre».
Él escoge el trabajo para cada
criatura. ... Nos da siempre
bastantes fuerzas, y suficiente
sentido común para aquello que
desea que hagamos.

John Ruskin

LUZ DE AMOR, FE Y ESPERANZA

En las pavorosas y sombrías
noches, cuando la tormenta es
más intensa, el faro arde para
que los marineros puedan volver
a encontrar su camino a casa.
En la vida arde la misma luz,
que se alimenta con amor, fe
y esperanza. Y estos tres arden
con más potencia a través de las
tormentas de la vida, para que
otra vez podamos encontrar el
camino a casa.

AUTOR DESCONOCIDO

DIOS TE DISEÑÓ

Tu identidad no es resultado
de coincidencia ni accidente.
Eres quien eres debido al diseño
amoroso de Dios. Él quiere que
tú seas *tú*, y nadie más.

DARLENE SALA

TU ROSTRO LEVANTADO

Déjate acariciar por el amor del sol [de Dios]. Bebe las aguas de la bondad divina. Mantén el rostro levantado hacia el Señor como se alzan las flores hacia el sol. Observa, y tu alma vivirá y crecerá.

HANNAH WHITALL SMITH

Inmutable belleza

La belleza de la tierra, la
lindura del cielo, el orden de
las estrellas, el sol, la luna... la
misma hermosura de todo esto
confiesa a Dios: porque, ¿quién
hizo aquellas hermosas cosas
mutables, sino Aquel quien en sí
mismo es belleza inmutable?

Agustín

CONVIÉRTELA EN BENDICIÓN

Si alguien pudiera indicarte
el camino más corto y seguro
hacia la felicidad y perfección
absolutas, te diría que para ti
debe ser una norma agradecer y
alabar a Dios por todo lo que te
sucede. Porque es un hecho que
cualquier calamidad aparente
que te ocurra, la puedes convertir
en bendición si agradeces y
alabas a Dios por ella.

AUTOR DESCONOCIDO

SALDRÉ COMO ORO

Todos «saldremos como oro»
si comprendemos que Dios es
soberano y que sabe lo que es
mejor, aunque al momento no
entendamos lo que está pasando.
El Señor nos pide que confiemos
en él y que sepamos que se
preocupa por nosotros aunque
no podamos seguirle la pista.

SHIRLEY DOBSON

AMOR INCONDICIONAL DEL SEÑOR

¡Cuán preciosa, oh Dios, es tu
misericordia! Por eso los hijos
de los hombres se amparan bajo
la sombra de tus alas. Serán
completamente saciados de
la grosura de tu casa, y tú los
abrevarás del torrente de tus
delicias. Porque contigo está el
manantial de la vida; en tu luz
veremos la luz.

SALMOS 36.7–9

LA MARAVILLA DE VIVIR

La maravilla de vivir se realiza en
la belleza del silencio, en la gloria
de la luz del sol, en la dulzura
del fresco aire primaveral, en las
silenciosas fuerzas de la tierra, y
en el amor que yace en el origen
mismo de todas las cosas.

ANÓNIMO

DE MILAGRO EN MILAGRO

Estar vivos, poder ver, caminar
y tener un hogar... todo es un
milagro. He adoptado la técnica
de vivir de milagro en milagro.

ARTHUR RUBENSTEIN

HUELLAS EN TU ALMA

La vida está llena de personas
que te harán reír, llorar y
alegrarte hasta que te duela el
rostro, y que te harán tan feliz
que creerás que vas a reventar.
Pero aquellas que te dejan huella
en el alma son las que mantienen
tu vida en movimiento.

NATALIE BERNOT

Regocíjate en el Señor

Padre, alabarte y regocijarme
en ti debe estar en lo alto en mi
lista de prioridades. Proclamar tu
amor a otros nunca debe faltar
en mi vida. ¡Gracias por poder
regocijarme en ti! Amén.

ALEGRÍA POR FUERA Y POR DENTRO

Ser portador de alegría y dador
de gozo lo dice todo, porque en
nuestra vida si alguien está alegre
significa que vive fielmente para
Dios, y que nada más cuenta. Si
alguien brinda alegría a otros,
está haciendo la obra del Señor;
con alegría por fuera y por
dentro, todo está bien.

JANET ERSKINE STUART

UN CÁNTICO NUEVO

Me sacó del hoyo de la
destrucción, del lodo cenagoso;
asentó mis pies sobre una roca
y afirmó mis pasos. Puso en mi
boca un cántico nuevo, un canto
de alabanza a nuestro Dios;
muchos verán esto, y temerán, y
confiarán en el SEÑOR.

SALMOS 40.2–3 LBLA

CORRIENTES DE AGUAS VIVAS

Mira las corrientes de aguas vivas,
Que nacen de eterno amor,
Buena provisión para tus hijos e hijas
Que quitan, de carencias, todo temor:
¿Quién podría desmayar
  mientras un río así
Siempre fluye para la sed calmar?
Es gracia que, como el Señor,
  como el Dador,
De época en época nunca ha de fallar.

JOHN NEWTON

GRACIAS, SEÑOR

Gracias Señor por tu amor y
fidelidad para con nosotros.
Gracias por hacernos tu pueblo,
por dejarnos ser ovejas de tu
prado. ¡Gracias por permitirnos
servir a un Dios tan grande!
Amén.

CREE

La fe es la raíz de toda bendición.
Cree y serás salvo; cree y tus
necesidades serán satisfechas;
cree y no dejarás de sentir
consuelo y felicidad.

JEREMY TAYLOR

EL DÍA MÁS ASOMBROSO

Te agradezco Dios por este día
tan maravilloso, por los verdes
espíritus que saltan del bosque,
por el sueño azul del cielo, y por
todo lo que es natural, lo cual es
infinito, lo cual así es.

E. E. CUMMINGS

ENFOQUE EN EL AMOR DEL SEÑOR

Bendito sea el Dios y Padre de
nuestro Señor Jesucristo, que
nos bendijo con toda bendición
espiritual en los lugares
celestiales en Cristo, según
nos escogió en él antes de la
fundación del mundo, para que
fuésemos santos y sin mancha
delante de él.

EFESIOS 1.3–4

El cántico de un ángel

Las palabras amables son la música del mundo. Tienen un poder que parece estar más allá de causas naturales, como si fueran algún canto de ángel que se ha extraviado y que llega hasta la tierra.

Frederick William Faber

No hay por qué temer

Si el Señor está con nosotros
no tenemos por qué temer. Su
mirada nos cubre, su brazo nos
protege, su oído se abre a nuestra
oración... su gracia suficiente, su
promesa inmutable.

John Newton

HAZ PREVALECER LAS LUCES

Un optimista es alguien que ve
tan solo las luces en el cuadro,
mientras un pesimista solo ve
las sombras. Un idealista, sin
embargo, es alguien que ve la luz
y las sombras, pero que también
ve algo más: la posibilidad de
cambiar el cuadro, de hacer que
las luces prevalezcan sobre las
sombras.

FELIX ADLER

Puro y encantador

Lo que pensamos es el alimento
de nuestras almas. Si pensamos
en cosas puras y encantadoras
llegaremos a ser igual de puros y
encantadores.

HANNAH WHITALL SMITH

GUÍA Y ANIMA A OTROS

Nuestros dones y logros no están
solo para ser luz y calor en nuestras
moradas, también están para brillar
a través de las ventanas y dentro de
la oscura noche, para guiar y animar
a viajeros confundidos en el camino.

HENRY WARD BEECHER

TOMA CIERTA DISTANCIA

Aléjate de vez en cuando y
descansa un poco, para que
cuando vuelvas a tu trabajo
tendrás un juicio más seguro.
Retírate un poco porque
entonces el trabajo parecerá más
pequeño y en una sola mirada
podrás abarcar más.

LEONARDO DA VINCI

MI RECOMPENSA ME ESPERA

Padre, mis problemas diarios
vienen y van; pero si persisto
firme y dedicado, haciendo la
obra que me has puesto a hacer,
confío en que mi recompensa me
espera. Gracias Señor. Amén.

Sigue tus sueños

Sigue tus sueños...
El tejido de todas las alas
Se teje primero de ellos;
De sueños se hacen
Las cosas preciosas e
   imperecederas
Cuyo encanto vive
   y no se desvanece.

Virna Sheard

EL VERDADERO ÉXITO

Apreciar lo bello; descubrir lo mejor en los demás; darse uno mismo; dejar el mundo un poco mejor, ya sea mediante un niño sano, un trozo de jardín, o una condición social redimida; haber jugado y reído con entusiasmo, y cantado con alegría; saber incluso que una vida ha respirado de manera más fácil porque has vivido... esto es haber triunfado.

RALPH WALDO EMERSON

CRISTO MORA DENTRO DE MÍ

Sé que Cristo mora en mí
todo el tiempo, guiándome e
inspirándome siempre que hago
o digo algo... una luz a la que
yo no le captaba el brillo antes
de que me llegara en el preciso
momento en que la necesité.

ST. THERESE DE LISIEUX

El Señor es el Dios eterno

¿Por qué murmuras? ... ¿Por qué refunfuñas: ... «Mi camino está escondido del SEÑOR; mi Dios ignora mi derecho»? ¿Acaso no lo sabes? ¿Acaso no te has enterado? El SEÑOR es el Dios eterno, creador de los confines de la tierra. No se cansa ni se fatiga, y su inteligencia es insondable.

Isaías 40.27–28 NVI

NUESTROS CORAZONES LE PERTENECEN AL SEÑOR

Si creemos en Jesús, se nos ha arrojado una cuerda salvavidas. Nos hemos conectado con él en fe, y aunque constantemente nos esforzamos por mantener nuestras creencias, nuestros corazones en realidad le pertenecen a él. Esa confianza interior nos adquirió la más fabulosa recompensa: eternidad con nuestro Salvador.

PAMELA MCQUADE

COMO UN BORDADO

Agarra tu aguja, hijo mío, y
trabaja en tu diseño; poco a
poco saldrá una rosa. La vida
es así; una puntada a la vez
realizada pacientemente, y el
diseño resultará bien, como un
bordado.

OLIVER WENDELL HOLMES

CADA FLOR

El esplendor de la rosa y la
blancura del lirio no roban su
esencia a la pequeña violeta ni su
sencillo encanto a la margarita.
Si toda diminuta flor quisiera ser
una rosa, la primavera perdería
su hermosura.

THERESE DE LISIEUX

ETERNIDAD Y SENCILLEZ
DEL CREADOR

Dios es eterno en su sencillez
y sencillo en su eternidad. Por
tanto está en todas partes y es
completo por doquiera. A causa
de su eternidad está en cualquier
parte, y donde quiera es
completo a causa de su sencillez.

MEISTER ECKHART

¡MIRA ESTE DÍA!

¡Mira este día! Porque es vida, la
misma esencia de la vida. Porque
el ayer es un sueño, y el mañana
solo una visión, pero el día de
hoy bien vivido hace de cada
ayer un sueño de felicidad y del
mañana una visión de esperanza.

KALIDASA

Recompensas de una vida sencilla

Hallar suficientes elementos universales; encontrar vivificantes al aire y al agua; renovarse con una caminata matutina o un paseo nocturno, y emocionarse con las estrellas en la noche; alegrarse por el nido de un ave o por una flor silvestre en primavera... estas son algunas de las recompensas de la vida sencilla.

John Burroughs

EL MUNDO ESTÁ LLENO DE BELLEZA

Hay belleza en el bosque
Cuando los árboles son verdes
    y hermosos,
Hay belleza en la pradera
Cuando las flores silvestres
    perfuman el aire.
Hay belleza en la luz del sol
Y en el suave azul que resplandece
    allá arriba.
Ah, el mundo está lleno de belleza
Cuando el corazón está repleto
    de amor.

AUTOR DESCONOCIDO

El camino eterno del Señor

Al seguir a Jesús siempre irás en
la dirección correcta. Aunque
la senda pueda parecer sombría
y complicada, y a menudo te
preguntes si estás en el sendero
apropiado, mientras el Espíritu
de Jesús te guíe no te puedes
equivocar. Tu poderoso Señor te
dirige en su camino eterno.

Pamela McQuade

La compasión de Dios jamás se agota

Algo más me viene a la memoria, lo cual me llena de esperanza: El gran amor del SEÑOR nunca se acaba, y su compasión jamás se agota. Cada mañana se renuevan sus bondades; ¡muy grande es su fidelidad!

LAMENTACIONES 3.21–23 NVI

QUE LA GRACIA TE SORPRENDA

Mi oración es que Dios te
sorprenda hoy. En tu rutina
diaria, en los estresantes detalles
de la vida ordinaria, cuando
menos lo esperes, que la gracia
te sorprenda, alentándote el
corazón.

ELLYN SANNA

LAS ORACIONES SON CONTESTADAS

Señor, cuando veo cómo has
intercedido a mi favor quiero
postrarme ante ti. Mis oraciones
han tenido respuesta en formas
milagrosas. En momentos en que
lo único que veía era oscuridad,
me proporcionaste luz, poder y
esperanza. Amén.

SÉ MEJOR

Sueña siempre y dispara más
alto de lo acostumbrado. No te
molestes en ser mejor que tus
contemporáneos o predecesores.
Intenta ser mejor que tú mismo.

WILLIAM FAULKNER

PERSIGUE ASPIRACIONES

A lo lejos, allá en el sol están mis
más altas aspiraciones.
Quizás no las alcance, pero
puedo levantar la mirada y ver su
belleza.
Creer en ellas, y tratar de seguir
hacia donde se dirigen.

LOUISA MAY ALCOTT

INSTRUMENTO DE PAZ DIVINA

Señor, hazme un instrumento
de tu paz. Que donde haya odio,
yo pueda mostrar amor. Donde
haya ofensa, perdón. Donde
haya duda, fe. Donde haya
desesperación, esperanza. Donde
haya oscuridad, luz. Donde haya
tristeza, gozo.

SAN FRANCISCO DE ASÍS

TREMENDO TESORO EN LA NATURALEZA

Si somos hijos de Dios tenemos
un tremendo tesoro en la
naturaleza, el cual nos daremos
cuenta que es santo y sagrado.
Veremos al Señor extendiéndose
hacia nosotros en cada viento
que sopla, en cada amanecer y
atardecer, en cada nube en el
cielo, en cada flor que se abre, y
en cada hoja que se marchita.

OSWALD CHAMBERS

MI FORTALEZA Y MI ESCUDO

El SEÑOR es mi fuerza y mi escudo; mi corazón en él confía; de él recibo ayuda. Mi corazón salta de alegría, y con cánticos le daré gracias.

SALMOS 28.7 NVI

FINALMENTE LA PAZ

Que Dios nos sostenga todo
el día, hasta que las sombras
se alarguen, venga la noche, el
ajetreado mundo calle, la fiebre
de la vida se haya ido, ¡y nuestro
trabajo esté hecho! Entonces
en su misericordia él nos da
un albergue seguro y un santo
descanso, y finalmente la paz.

JOHN HENRY CARDINAL NEWMAN

En tu paz

Cálmame, oh Señor,
    como la tormenta calmaste,
Tranquilízame, oh Dios,
    líbrame del mal.
Que todo el tumulto
    en mi interior cese,
Envuélveme Señor en tu paz.

ANCESTRAL CÉLTICA

EN CADA PASO

Cuando enfrentamos problemas graves, Dios no nos abandona; a medida que la vida se consume, él no se echa atrás en nuestra necesidad. No, el Eterno nos guía en cada paso del camino, aunque haya gozo o desaliento en la vida. El Señor nunca renuncia a ti ni te falla. Así que no te des por vencido.

PAMELA McQUADE

UN DESIERTO FLORIDO

No conozco nada tan agradable como sentarme en una tarde veraniega con el sol poniente titilando entre el gran saúco, allí donde hay una espesura de flores y arbustos floridos como el césped en un campo: un desierto florecido, entretejido, entrelazado, coronado, engalanado y profuso más allá de toda abundancia.

MARY MITFORD

No hay situación demasiado caótica

No hay situación tan caótica que Dios no pueda sacar de ella algo incomparablemente bueno. Lo hizo en la creación. Lo hizo en la cruz, y lo está haciendo hoy.

OBISPO MOULE

A REBOSAR

Que el Dios de la esperanza
los llene de toda alegría y paz
a ustedes que creen en él, para
que rebosen de esperanza por el
poder del Espíritu Santo.

ROMANOS 15.13 NVI

MI CORAZÓN

Mi corazón es como un ave cantora
Cuyo nido se halla en una caída de agua;
Mi corazón es como un manzano
Cuyas ramas se doblan
    cargadas de fruta;
Mi corazón es como la estructura
    de un arcoíris
Que rema en un idílico mar;
Mi corazón está más alegre que todos estos,
Porque el amor ha llegado a mí.

CHRISTINA ROSSETTI

VOLVERNOS COMO NIÑOS

Toma tiempo para fantasear.
Abandónate al juego. Creo que
Dios nos da imaginación por
una razón. Cristo está al tanto
de las presiones que soportamos.
Quizás por esto es que nos anima
a «volvernos como niños».

JEAN LUSH CON PAM VREDEVELT

EN LA SENDA CORRECTA

Padre, gracias por tu
ofrecimiento de protegerme si te
amo. Sé que esta es una promesa
eterna. ¿Qué otro incentivo
necesito para seguir el camino
adecuado contigo? Mantenme en
la senda correcta, Señor. Amén.

EL PASTOR GUÍA

Dejados a nuestra propia
voluntad, o corremos a
velocidades suicidas justo
más allá de la pradera, o nos
sentamos en el desierto reseco.
El Pastor interviene a nuestro
favor para guiarnos... en una
senda apacible y dentro de una fe
más tranquila.

PATSY CLAIRMONT

LA VIDA ES AQUELLO PARA LO QUE ESTAMOS VIVOS

La vida es aquello para lo que estamos vivos. No es longitud sino amplitud. ... Es vivir para... la bondad, la amabilidad, la pureza, el amor, la historia, la poesía, la música, las flores, las estrellas, Dios, y la esperanza eterna.

MALTBIE D. BABCOCK

DIOS HA PROMETIDO

El mismo Dios que guía a las
estrellas en sus cursos, que dirige
a la tierra en su órbita, que
alimenta el horno ardiente del
sol y que mantiene a las estrellas
encendidas eternamente con
sus fuegos... ese mismo Dios ha
prometido suplirte fortaleza.

CHARLES SPURGEON

NUNCA PIERDAS UNA OPORTUNIDAD

Nunca pierdas una oportunidad
de ver algo que sea sublime;
porque la belleza es la escritura
de Dios, un borde sagrado
del camino. Acógelo en cada
rostro hermoso, en cada cielo
despejado, en cada bella flor, y
agradece a Dios por ello como
por una copa de bendición.

RALPH WALDO EMERSON

Oportunidades de un servicio más generoso

Se podría tratar de una instancia más que creemos poder cumplir, una responsabilidad más que pensamos que podemos manejar. ... Las interrupciones nunca distrajeron a Jesús. Él las aceptó como oportunidades para un servicio más generoso.

Ruth Bell Graham

La promesa de Dios no cambia

Lo hizo así para que, mediante
la promesa y el juramento, que
son dos realidades inmutables en
las cuales es imposible que Dios
mienta, tengamos un estímulo
poderoso los que, buscando
refugio, nos aferramos a la
esperanza que está delante de
nosotros.

Hebreos 6.18 nvi

Un amigo anima

A veces tenemos momentos en que estamos perfectamente satisfechos de sentirnos tristes. ... Entonces viene un amigo que se las arregla para estimularnos una sonrisa, y si realmente se esfuerza lo suficiente hasta nos puede provocar un ataque de risa.

Anita Wiegand

LA GRACIA DE DIOS

La gracia de Dios es demasiado
grande y fabulosa para
entenderla por completo. De
ahí que debamos llevar con
nosotros durante todo el día los
momentos de la gracia divina:
el trinar de pájaros cantores en
la mañana, la bondad mostrada
en la tarde, y el sueño reparador
durante la noche.

ANÓNIMO

LA FE NOS PROTEGE DEL MIEDO

Ninguna alma cobarde es mía,
Ningún temblor en la esfera
   tormentosa del mundo:
Veo glorias celestiales que brillan,
Y así también brilla la fe,
   protegiéndome del temor.

EMILY BRONTË

LO MÁS DULCE EN LA VIDA

Las mejores cosas en la vida
son las más cercanas: aliento en
las fosas nasales, brillo en los
ojos, flores a los pies, deberes
a la mano, la senda de justicia
exactamente por delante. No
podrás agarrar las estrellas, pero
sí el trabajo común y corriente de
la vida tal como venga, la certeza
de que las obligaciones diarias y
el pan de cada día son las cosas
más dulces de la vida.

ROBERT LOUIS STEVENSON

NUESTRO VIAJE

En una hermosa naturaleza de
flores silvestres nos regocijamos
a tal punto con la variedad y
novedad de la escena, que en
nuestro placer perdemos toda
sensación de debilidad o fatiga en
la duración de nuestro divagar;
y llegamos al final antes de estar
conscientes de nuestro viaje.

JOHN CLARE

Por medio de la fe en Jesucristo

No debemos sentarnos a esperar
milagros; levántate y actúa, y el
Señor estará contigo. La oración
y los esfuerzos, por medio de la
fe en Jesucristo, harán cualquier
cosa.

George Eliot

EL AMOR DE CRISTO

Le pido que, por medio del
Espíritu y con el poder que
procede de sus gloriosas riquezas,
los fortalezca a ustedes en lo
íntimo de su ser, para que por fe
Cristo habite en sus corazones.
Y pido que, arraigados y
cimentados en amor, puedan
comprender, junto con todos los
santos, cuán ancho y largo, alto y
profundo es el amor de Cristo.

EFESIOS 3.16–18 NVI

NUEVA CREACIÓN

Si esta noche mi alma encontrara
paz en el sueño, si se hundiera
en buen olvido, y en la mañana
despertara como una flor recién
abierta, entonces me habré
sumergido otra vez en Dios, y
seré nueva creación.

D. H. LAWRENCE

DIOS TRANQUILIZA

Padre, no puedo comenzar a
contar la cantidad de veces
que has ceñido tus amorosos
brazos alrededor de mí para
tranquilizarme en medio de mis
temores. Has estado cerca de
mí en momentos de aflicción y
me has dado seguridad cuando
he enfrentado gran desilusión.
Amén.

TODO LO QUE TU CORAZÓN PODRÍA DESEAR

Que siempre tengas paredes
contra el viento, un techo contra
la lluvia, té junto al fuego, risas
que te alegren, seres queridos
cerca de ti, y todo lo que tu
corazón podría desear.

BENDICIÓN IRLANDESA

SABIENDO QUE TIENE ALAS

Sabe que tiene alas
Sé como el ave que al detener
  su vuelo
Un momento sobre ramas
  muy ligeras
Siente que ceden bajo su peso,
  y sin embargo canta
Sabiendo que tiene alas.

VÍCTOR HUGO

LA MANO DE DIOS

Nada toca mi vida que no haya
pasado primero por la mano de
Dios. Él sabe lo que es mejor
para mí. Confiaré su mano en
mi vida, creyendo que él ve cómo
todo obra en conjunto.

AUTOR DESCONOCIDO

CONDICIONES ENCANTADORAS

Aprecia tus visiones; valora tus
ideales; quiere la música que
conmueve tu corazón, la belleza
que se forma en tu mente, la
gracia que envuelve tus más
puros pensamientos, porque de
todos ellos surgirán condiciones
encantadoras y un ambiente
celestial.

JAMES ALLEN

DESCANSO PARA EL ALMA

Vengan a mí todos ustedes que
están cansados y agobiados, y yo
les daré descanso. Carguen con
mi yugo y aprendan de mí, pues
yo soy apacible y humilde de
corazón, y encontrarán descanso
para su alma. Porque mi yugo es
suave y mi carga es liviana.

MATEO 11.28–30 NVI

Dios está despierto

Ten valor en las grandes
tristezas de la vida y paciencia
en las pequeñas; y cuando hayas
cumplido laboriosamente tu
tarea diaria, ve a dormir en paz.
Dios está despierto.

Víctor Hugo

CONTINUAMENTE LLENO DE
ALABANZA Y GRATITUD

Señor, quiero que mi corazón
esté continuamente colmado
de alabanza y gratitud hacia
ti. Mantenme firme en el
pensamiento de que todo lo que
haces es bueno y glorioso para
mí. Solo tú mereces mi alabanza
y adoración. Amén.

LOS IDEALES SON COMO ESTRELLAS

Los ideales son como estrellas,
que no puedes tocarlas con
las manos. Pero igual que el
marinero en la inmensidad de
las aguas las escoges como tus
guías, y al seguirlas alcanzarás tu
destino.

CARL SCHURZ

LA OBRA DE TUS MANOS

Que siempre haya trabajo para
que tus manos realicen, que en
tu monedero siempre tengas
una o dos monedas. Que el sol
brille siempre en el cristal de tu
ventana, que tengas la seguridad
de que un arcoíris siempre sigue
a cada lluvia. Que una mano
amiga esté siempre cerca de ti,
que Dios te inunde el corazón
con gozo para alegrarte.

BENDICIÓN IRLANDESA

PON EL AMOR EN ACCIÓN

El amor no puede mantenerse
por sí mismo... no tiene sentido.
Se le debe poner en acción,
y esa acción es el servicio.
Seamos como seamos, capaces o
discapacitados, ricos o pobres, no
se trata de cuánto hagamos sino
de cuánto amor pongamos en
lo que hacemos; un intercambio
permanente de amor con los
demás.

MADRE TERESA

EL CIELO EN LA TIERRA

En todo lo dulce, encantador
y afable en este mundo, en la
serenidad del aire, la exactitud
de las estaciones, la alegría de la
luz, la melodía de los sonidos,
la hermosura de los colores,
la fragancia de los aromas,
el esplendor de las piedras
preciosas, no está otra cosa que el
cielo atravesando el velo de este
mundo.

WILLIAM LAW

DIOS PROVEE

El que le suple semilla al que
siembra también le suplirá pan
para que coma, aumentará
los cultivos y hará que ustedes
produzcan una abundante
cosecha de justicia. Ustedes serán
enriquecidos en todo sentido
para que en toda ocasión puedan
ser generosos, y para que por
medio de nosotros la generosidad
de ustedes resulte en acciones de
gracias a Dios.

2 CORINTIOS 9.10–11 NVI

No viviré en vano

Si puedo evitar que un corazón
   se desintegre,
No habré vivido en vano;
Si puedo mitigar el dolor
   en una vida,
Calmar un sufrimiento,
O ayudar a un petirrojo caído
A volver a su nido,
No habré vivido en vano.

EMILY DICKINSON

EN EL CORAZÓN DE TODO
SER HUMANO

Tenga dieciséis o sesenta años,
en el corazón de todo ser
humano se halla el encanto
por lo asombroso, el inagotable
apetito infantil de lo que viene
a continuación, y la alegría del
juego de vivir.

SAMUEL ULLMAN

DIOS ESTÁ SUFICIENTEMENTE CERCA

No necesitamos escudriñar el
cielo por aquí o por allá para
encontrar a nuestro Padre eterno.
Es más, ni siquiera debemos
hablar en voz alta porque aunque
expresemos en leves susurros
el pensamiento más fugaz, él
está suficientemente cerca para
oírnos.

TERESA DE ÁVILA

MI ESPERANZA

Señor, tú eres mi esperanza
en un mundo a menudo
desalentado. Eres mi esperanza
del cielo, mi ilusión de la paz, mi
expectativa de cambio, propósito
y amor incondicional. Llena el
reservorio de mi corazón hasta
que desborde con el gozo que
trae la verdadera esperanza.
Amén.

PEQUEÑOS BOLSILLOS DE FELICIDAD

Entre la casa y la tienda hay
pequeños rincones de felicidad.
Un ave, un jardín, el saludo de
un amigo, la sonrisa de un niño,
un gato al sol requiriendo una
caricia. Reconócelos o pásalos
por alto. Siempre depende de ti.

PAM BROWN

MIRA ALREDEDOR... VE A CRISTO

Mira hacia atrás...
  ve a Cristo agonizando por ti.
Mira hacia arriba...
  ve a Cristo rogando por ti.
Mira en tu interior...
  ve a Cristo morando en ti.
Mira adelante...
  ve a Cristo viniendo por ti.

AUTOR DESCONOCIDO

VIDA ABUNDANTE

Vida abundante, repleta de cosas
buenas en esta tierra, paz y gozo
espiritual, y llena de relaciones
satisfactorias... eso es lo que
Dios quiere que su pueblo tenga.
Puesto que Jesús entró a tu vida,
ingresaste a un nuevo reino. La
vida ha tomado un significado
distinto, porque conoces al
Creador.

PAMELA McQUADE

Destinados a ser inmortales

Nuestro Creador nunca habría
hecho días tan encantadores,
ni nos habría dado corazones
intensos para disfrutarlos, mucho
más allá de todo pensamiento,
a menos que estuviéramos
destinados a ser inmortales.

Nathaniel Hawthorne

EL ALMA ES UN TEMPLO

El alma es un templo que
Dios está construyendo
silenciosamente día y noche.
Lo construye con pensamientos
preciosos, amor generoso y fe
totalmente viva.

HENRY WARD BEECHER

La senda de la paz

Gracias a la entrañable
misericordia de nuestro Dios.
Así nos visitará desde el cielo
el sol naciente, para dar luz
a los que viven en tinieblas,
en la más terrible oscuridad,
para guiar nuestros pasos
por la senda de la paz.

Lucas 1.78–79 nvi

Está bien con mi alma

Señor, apresura el día
  en que mi fe se pueda ver,
Cuando las nubes se retiren
  como pergamino que se enrolla;
Cuando la trompeta resuene,
  y descienda el Señor,
Aun así, está todo bien con mi alma.

Horatio G. Spafford

Dios sabe

Tú no sabes lo que vas a hacer; lo
único que te consta es que Dios
sabe lo que está haciendo... Es
esta actitud la que te mantiene
en asombro perpetuo, pues
no sabes lo que Dios hará a
continuación.

Oswald Chambers

UN CARÁCTER ALEGRE UNIDO CON INOCENCIA

Un carácter alegre unido
con inocencia hará atractiva
a la belleza, encantador al
conocimiento, y afable al
ingenio. Aligerará la enfermedad,
la pobreza y la aflicción;
convertirá la ignorancia
en amable simplicidad, y
hará agradable a la misma
deformidad.

JOSEPH ADDISON

SIGUE ADELANTE

Cada segundo empieza para
nosotros una nueva vida.
Caminemos con alegría a su
encuentro. Debemos continuar,
querámoslo o no, y andaremos
mejor mirando hacia adelante
que atisbando hacia atrás.

AUTOR DESCONOCIDO

QUE EL AMOR DE DIOS IRRADIE DE TI

Deja que en tu corazón esté Jesús,
La eternidad en tu espíritu,
El mundo bajo tus pies,
La voluntad de Dios
en tus acciones.
Y permite que el amor de Dios
irradie de ti.

CATHERINE DE GENOA

Un resplandor divino

Ayúdame a extender mi fragancia
adondequiera que vaya.
Inunda mi alma con tu espíritu
y tu vida. Descubre y posee
todo mi ser tan totalmente,
que mi vida solo pueda ser un
resplandor de ti, Señor.

Cardenal John Henry Newman

NADA DE QUÉ PREOCUPARSE

Padre, mientras confíe en tu
presencia, no tengo nada de qué
preocuparme. Nada me puede
separar de ti, porque tú eres el
fuerte protector, el poderoso que
me observa siempre. Te alabo,
Señor, por tu protección. Amén.

BAÑADO POR LA LUZ DEL SOL

Si te dedicas a ayudar a los
hambrientos y a saciar la
necesidad del desvalido, entonces
brillará tu luz en las tinieblas, y
como el mediodía será tu noche.

ISAÍAS 58.10 NVI

DESEOS

Te deseo luz de sol en el camino
y tormentas para sazonar tu
viaje. Te deseo paz... tanto en el
mundo en que vives como en el
rincón más pequeño del corazón
donde permanece la verdad.
Te deseo fe... para que te ayude
a definir tu sustento y tu vida
misma. Más no te puedo desear,
excepto quizás amor, para hacer
que todo lo demás valga la pena.

ROBERT A. WARD

No permanezcas en el pasado

Atesora hoy día tus recuerdos,
pero no permanezcas en el
pasado, lamentando los «buenos
tiempos». La presencia de Dios
estuvo contigo en cada instante
de esos días, y sé que llenará
tu vida con bendiciones, pero
él también está contigo hoy.
Además el Señor tiene un
depósito de bendiciones que
espera entregarte en el futuro.

Ellyn Sanna

EQUILIBRIO

Lo mejor y más seguro es
mantener equilibrio en la vida,
reconocer el gran poder dentro y
alrededor de nosotros. Si puedes
hacer eso y vivir de ese modo
eres realmente alguien sabio.

EURÍPIDES

JESÚS

Dios nunca, nunca, nunca
nos defraudará si tenemos fe y
ponemos nuestra confianza en
él. Siempre velará por nosotros.
Por tanto, debemos adherirnos
a Jesús. Toda nuestra vida debe
simplemente estar tejida en Jesús.

MADRE TERESA

LA MANO DE DIOS

Él esconde mi alma en
  la hendidura de la roca
Que sombrea una tierra
  seca y sedienta;
Él esconde mi vida en las
  profundidades de su amor,
Y me cubre allí
  con su mano,
Y me cubre allí
  con su mano.

FANNY CROSBY

CONFIANZA

Esta es la confianza que delante
de Dios tenemos por medio
de Cristo. No es que nos
consideremos competentes
en nosotros mismos. Nuestra
capacidad viene de Dios.

2 CORINTIOS 3.4–5 NVI

A QUÉ SE PARECE EL AMOR

¿A qué se parece? Tiene manos
para ayudar a otros, pies para
correr hacia los pobres y
necesitados, ojos para ver la
miseria y la escasez, oídos para
oír los suspiros y las penas de los
hombres. A eso es a lo que se
parece el amor.

SAN AGUSTÍN

EL CONSTANTE CUIDADO DEL SEÑOR

Padre, te alabo por tu apoyo.
Cuando me fallan las fuerzas,
las tuyas siempre son suficientes.
Gracias por tu constante amor y
cuidado, por escuchar mi llanto y
acudir a rescatarme. Amén.

Tú puedes dar

¡Qué hermoso pensar que nadie
debe esperar un momento,
y podemos empezar ahora,
empezar lentamente a cambiar el
mundo! Qué fabuloso que todos,
grandes y pequeños, podamos
hacer nuestra contribución para
introducir justicia inmediata. ...
Y siempre, siempre podemos dar
algo, ¡aunque solo sea bondad!

Anne Frank

CREE

Cuando llegas al borde de la
única luz que tienes, y debes dar
un paso dentro de la oscuridad
de lo desconocido, cree que
ocurrirá una de dos cosas: o
habrá algo sólido en qué posarte,
o se te enseñará a volar.

PATRICK OVERTON

AGRADEZCAMOS AL GUARDIÁN

Por las horas de luz y claras visiones,
Por todos los queridos y
   recordados rostros,
Por esos camaradas de un solo día,
Que nos fortalecieron
   en nuestro camino,
Por los amigos que compartieron
   a lo largo del año,
Y llevaron con nosotros el peso común,
Por las horas que soportaron
   pesadas cargas,
Pero que a nuestras metas nos acercaron,
Por el entendimiento obtenido
   con fatigas y lágrimas
Debemos agradecer al Guardián
   de nuestros años.

CLYDE MCGEE

CAMPEONES

Los campeones no triunfan
al ganar la competencia, sino
durante las horas, semanas,
meses y años que pasan
preparándose para ella. El
rendimiento victorioso en sí solo
es la demostración de su carácter
de campeones.

T. ALAN ARMSTRONG

AMÓ DE TAL MANERA

De tal manera amó Dios al
mundo, que ha dado a su Hijo
unigénito, para que todo aquel que
en él cree, no se pierda, mas tenga
vida eterna. Porque no envió Dios
a su Hijo al mundo para condenar
al mundo, sino para que el mundo
sea salvo por él.

JUAN 3.16–17

OTRO DÍA

Lo maravilloso de la puesta del
sol, y lo mismo puede decirse
de su salida, es que sucede cada
día; y aunque el ocaso mismo
no fuera espectacular, marca el
inicio de un día más. Este es un
buen momento para hacer una
pausa y observar.

ELAINE ST. JAMES

REFLEXIÓN

La reflexión permite a nuestras
mentes extenderse en tres
direcciones distintas: la que lleva
a una adecuada relación con
Dios, la que lleva a una saludable
relación con los demás, y la que
lleva a una comprensión más
profunda de nosotros mismos.

MARK CONNOLLY

LEVANTEMOS LAS CARGAS

Observamos nuestras pesadas
cargas y rehuimos de ellas;
pero al levantarlas y sujetarlas a
nuestros corazones se convierten
en alas, en las cuales subimos y
nos remontamos hacia Dios.

SRA. DE CHARLES E. COWMAN

LOGRO

Piensa en el día en que al final
estés sumamente satisfecho.
No es un día en que hayas
holgazaneado sin hacer nada,
sino uno en el que has tenido
todo por hacer, y lo has hecho.

MARGARET THATCHER

FORTALEZA DIVINA

Debido a tu fortaleza, Señor,
puedo sonreír. Cuando necesito
paz, fortaleces mi interior.
Allí es donde más te necesito.
Permíteme cavilar en tu fortaleza
para que otros también se
acerquen a ti. Amén.

VIDA PLENA

LA VIDA ESTÁ LLENA DE BELLEZA

Obsérvala. Observa al abejorro,
al niño pequeño, y a los
sonrientes rostros. Olfatea la
lluvia y siente el viento. Vive a tu
máximo potencial y lucha por tus
sueños.

ASHLEY SMITH

HERMOSURA

Cada día de su vida una persona
debería oír un poco de música,
leer un poco de poesía, y ver
una buena pintura, a fin de que
las preocupaciones del mundo
no destruyan la sensación
de hermosura que Dios ha
implantado en el alma humana.

JOHANN WOLFGANG VON GOETHE

ACTITUD

Tu vida está determinada no
tanto por lo que te ofrece sino
por la actitud que le entregas; no
tanto por lo que te ocurre sino
por la manera en que tu mente
mira lo que sucede.

KAHLIL GIBRAN

TRABAJA CON ESMERO

¿Estás aburrido de la vida?
Entonces dedícate a alguna obra
en que creas de todo corazón,
vive por ella, muere por ella, y
encontrarás una dicha que nunca
creíste que podría ser tuya.

DALE CARNEGIE

CON TODO EL CORAZÓN

Hagan lo que hagan, trabajen de buena gana, como para el Señor y no como para nadie en este mundo, conscientes de que el Señor los recompensará con la herencia. Ustedes sirven a Cristo el Señor.

COLOSENSES 3.23–24 NVI

UN AMIGO

Mientras amamos, servimos;
mientras otros nos amen, opino
que somos indispensables; y
ningún ser humano es inútil
mientras tenga un amigo.

ROBERT LOUIS STEVENSON

VIVE A PLENITUD

Intenta en lo posible vivir a plenitud, con todas tus fuerzas, y cuando rías, ríe con ganas, y cuando te enfades hazlo bien y acaloradamente. Trata de estar vivo. Muy pronto estarás muerto.

WILLIAM SAROYAN

UNA NUEVA PERSONA

Padre, gracias a ti empiezo de
nuevo, fresco y limpio, porque
me has hecho una nueva
persona. Ahora tengo una vida
de días nuevos para pasarlos de
la manera que yo elija. Gracias
por tu perdón inagotable. Amén.

No esperes

No esperes hasta que todo
esté muy bien; las cosas nunca
serán perfectas. Siempre
habrá desafíos, obstáculos
y condiciones menos que
perfectas. ¿Entonces qué?
Empieza ahora. Con cada paso
que des te harás más y más
fuerte, más y más hábil, más y
más seguro de ti mismo, y más y
más fructífero.

MARK VICTOR HANSEN

IMAGINACIÓN

El mundo más bello siempre
se presenta a través de la
imaginación. Si deseas ser algo
que no eres (algo hermoso,
noble, bueno) cierra los ojos, y
por un precioso momento eres lo
que anhelas ser.

HELEN KELLER

ALIENTO Y AMOR

Lisonjéame, y no te creeré.
Critícame, y no me caerás bien.
No me tomes en cuenta, y no
te perdonaré. Anímame, y no
te olvidaré. Ámame, y me veré
obligado a amarte.

WILLIAM ARTHUR WARD

LA BIBLIA

Cuando busques un poco de
dulzura en medio de una vida
amarga, recurre a la Biblia. Las
Escrituras son una enorme carta
de amor de parte de Dios para
su pueblo. Incluso cuando el
más nuevo de los creyentes lee
atentamente, la misericordia
del Señor se clarifica. Pero un
creyente de toda la vida puede
leer el mismo pasaje y ver algo
nuevo una y otra vez.

PAMELA McQUADE

El cielo

Señor, sé que llegará el día
en que estaremos en el cielo
contigo. Espero aquel tiempo,
y gracias por la oportunidad de
compartir contigo ese momento
y ese lugar. Amén.

UNA OFRENDA

Hermanos, tomando en cuenta
la misericordia de Dios, les
ruego que cada uno de ustedes,
en adoración espiritual, ofrezca
su cuerpo como sacrificio vivo,
santo y agradable a Dios.

ROMANOS 12.1 NVI

CREE QUE PUEDES

A menudo los hombres llegan a ser lo que creen que son. Si creo que no puedo hacer algo, no podré hacerlo. Pero cuando creo que puedo, entonces adquiero la capacidad de hacerlo, aunque no lo consiga en un principio.

MAHATMA GANDHI

PRIMEROS PASOS

El secreto de progresar es
empezar. El secreto de empezar
es desglosar tus abrumadoras
y complejas tareas en otras
más pequeñas y manejables,
y entonces comenzar con la
primera.

MARK TWAIN

AMOR

Amor es amistad iluminada. Es
comprensión sosegada, confianza
mutua, intercambio y perdón.
Es lealtad en momentos buenos
y malos. Se conforma con
menos que perfección y permite
debilidades humanas.

ANN LANDERS

¡A DIOS TODA LA ALABANZA Y LA GLORIA!

Qué tremendo es lo que el poder
   de Dios ha hecho
Su gentil misericordia conserva,
En el resplandor de la mañana o
   en las sombras de la noche
Su mirada vigilante nunca duerme.
Dentro del reino de su gran poder,
¡Mira! Todo es justo y todo
   es recto:
¡A Dios toda la alabanza y la gloria!

JOHANN J. SCHÜTZ

QUE TE CONCEDA LA PAZ

El SEÑOR te bendiga y te
guarde; el SEÑOR te mire con
agrado y te extienda su amor; el
SEÑOR te muestre su favor y te
conceda la paz.

NÚMEROS 6.24–26 NVI

DE PAR EN PAR

Abramos de par en par las
ventanas de nuestro espíritu y
llenémonos totalmente de luz;
abramos de par en par la puerta
de nuestros corazones para que
podamos recibir y hospedar al
Señor con todas nuestras fuerzas
de adoración.

CHRISTINA ROSSETTI

UNA PALABRA AMABLE

Una palabra amable, como lluvia
de verano, suavizar algún corazón
  y ahuyentar el dolor puede.
¡Qué alegría o tristeza a menudo
surge solamente de pequeñas y
sencillas cosas!

WILLA HOEY

SUBE MÁS ARRIBA

¿Por qué vivir a mitad de la colina y envueltos en niebla, cuando podríamos tener sobre nuestras cabezas un cielo sin nubes y con sol radiante, si trepáramos más y camináramos a la luz del rostro de Dios?

ALEXANDER MACLAREN

SIN DESESPERACIÓN

Una de las mejores garantías
de nuestras esperanzas es
poder delimitar y reconocer
las áreas de imposibilidad para
enfrentarlas directamente, no
con desesperación sino con la
intención creativa de impedir
que contaminen las áreas de
posibilidad.

WILLIAM F. LYNCH

QUIENES AMAN

Quienes aman nacen sobre alas;
corren y están llenos de júbilo;
son libres y sin restricciones.
Por sobre todo, descansan en
lo más alto: en Aquel de quien
fluye todo lo bueno.

THOMAS À KEMPIS

DESEO PARA TI

Cuando te sientas solo,
  te deseo amor;
Cuando estés decaído,
  te deseo gozo;
Cuando estés atribulado,
  te deseo paz;
Cuando las cosas se compliquen,
  te deseo la simple belleza;
Cuando las cosas se pongan caóticas,
  te deseo silencio interior;
En todo momento te deseo
  al Dios de la esperanza.

AUTOR DESCONOCIDO

POR GRACIA

Porque por gracia ustedes han
sido salvados mediante la fe;
esto no procede de ustedes, sino
que es el regalo de Dios, no por
obras, para que nadie se jacte.
Porque somos hechura de Dios,
creados en Cristo Jesús para
buenas obras, las cuales Dios
dispuso de antemano a fin de
que las pongamos en práctica.

EFESIOS 2.8-10 NVI

VIDA MARAVILLOSA

Llegar a Jesús nos trae nueva
vida. No solo unos cuantos
años más en la tierra o mejor
manera de vivir sino vida real,
emocionante y maravillosa.
Una existencia libre de la
constante necesidad de pecado.
La capacidad de hacer lo correcto
por las razones correctas.
Una vida conectada con
el mismísimo Dios.

PAMELA MCQUADE

Obediencia

Todas las verdades de Dios están selladas hasta que se nos abren a través de la obediencia. Hasta la mínima cantidad de obediencia abre el cielo.

Oswald Chambers

Un nombre maravilloso

Jesús. ¡Qué nombre maravilloso!
Es el único al que debemos
recurrir para salvación. Señor,
te alabo por ser el Camino, la
Verdad y la Vida. Amén.

FE CRISTIANA

La fe cristiana es como una gran catedral, con vitrales divinamente coloreados. Desde afuera no ves ni te puedes imaginar ninguna gloria. Pero si estás adentro, cada rayo de luz revela una armonía de esplendor indescriptible.

NATHANIEL HAWTHORNE

DIOS SABE

Dios sabe todo acerca de
nosotros, y se encarga de todo.
Además, él controla toda
situación. ¡Y nos ama! Sin duda
esto basta para abrir las fuentes
de gozo. ... Y el gozo siempre es
fuente de fortaleza.

HANNAH WHITALL SMITH

POR LA GRACIA DE DIOS

No soy lo que debería ser; no soy
lo que desearía ser; no soy lo que
espero ser, pero por la gracia de
Dios no soy lo que fui.

JOHN NEWTON

NUESTRO LUGAR DE MORADA

Cuando se nos dice que Dios,
quien es nuestra morada,
también es nuestra fortaleza, esto
solo puede significar una cosa:
Que si queremos vivir en nuestra
morada estaremos perfectamente
seguros.

HANNAH WHITALL SMITH

RISA

El sentido del humor,
gran regalo de Dios,
eleva nuestros espíritus;
Ayuda a restaurar nuestros
cuerpos, aligera las cargas,
alienta a un amigo;
Deleita a los niños, y los
ancianos sonríen ante la efusión
que brilla por dentro;
¡Sin duda, en la otra vida
el cielo debe estar lleno de risa!

AUTOR DESCONOCIDO

TODO PREPARADO

Tus ojos vieron mi cuerpo en
gestación: todo estaba ya escrito
en tu libro; todos mis días se
estaban diseñando, aunque no
existía uno solo de ellos.

SALMOS 139.16 NVI

ACOGEDOR

Señor, me recibiste en tu
familia con amor y aceptación.
Ayúdame a ser tan amable con
otros como tú has sido conmigo,
acogiéndolos alegremente a
todos. Amén.

DIOS ES GRANDE

Pertenezco a la «Gran fiesta de
Dios» y no tendré nada que
ver con la «Pequeña reunión
de Dios». Cristo no quiere que
pellizquemos lo posible sino que
nos apoderemos de lo imposible.

C. T. STUDD

ALABANZA INTERMINABLE

Que tu vida se convierta en
alabanza alegre e interminable
para el Señor mientras viajas
por este mundo, ¡y en el mundo
venidero!

TERESA DE ÁVILA

VEN, FUENTE

Ven, Fuente de toda bendición,
   afina mi corazón para
   cantar tu gracia;
Interminables raudales de
   misericordia pronostican cánticos
   de la más fuerte alabanza.
Enséñame algunos sonetos
   melodiosos, entonados por
   lenguas de fuego allá arriba;
Ensalzo el monte, estoy fijo en él,
   el monte de tu amor redentor.

ROBERT ROBINSON

La capacidad de Dios es grandiosa

Si tienes hoy una necesidad especial, enfoca tu atención en la bondad y la grandeza de tu Padre y no en la magnitud de tu necesidad. Tu necesidad es muy pequeña comparada con la capacidad de Dios para suplirla.

MÁS

Más fe en mi Salvador,
   más sentido de su cuidado;
Más gozo en su servicio,
   más propósito en la oración...
Más aptitud para el reino,
   más útil yo sería;
Más bendecido y santo,
   más, Salvador, como tú.

PHILIP P. BLISS

FE Y AMOR

La fe, como la luz, siempre debe
ser sencilla e inflexible; mientras
que el amor, como el calor, debe
irradiar en todo lado e inclinarse
hacia toda necesidad de nuestros
hermanos.

MARTÍN LUTERO

PROSEGUIR

Olvidando ciertamente lo que queda atrás, y extendiéndome a lo que está delante, prosigo a la meta, al premio del supremo llamamiento de Dios en Cristo Jesús.

FILIPENSES 3.13–14

El Señor guía

Padre, gracias por tu promesa
de guiarme en lo grande y en lo
pequeño. Tu mirada está siempre
en mí, alejándome del error
y asegurándome que siempre
puedo encontrar un camino de
regreso a ti. Amén.

LA GLORIA DE LA AMISTAD

La gloria de la amistad es la
inspiración espiritual que llega
a una persona al descubrir que
alguien más cree en ella y que
está dispuesta a confiarle su
amistad.

RALPH WALDO EMERSON

¡Descansa, no abandones!

Cuando las cosas vayan mal,
  como a veces pasa,
Cuando el camino que transitas
  parezca cuesta arriba,
Cuando los fondos estén bajos
  y las deudas altas,
Y quieras sonreír pero
  en vez de eso suspires,
Cuando la preocupación
  un poco te presione,
Descansa, si debes hacerlo...
  ¡pero no abandones!

AUTOR DESCONOCIDO

APRIETA EL PASO

Caminemos en medio de las
tinieblas y agarremos la mano de
Dios. La senda de fe y oscuridad
es mucho más segura que la que
se elige por vista.

GEORGE MACDONALD

CON SOLO PEDIRLO

¿Enfrentas un tiempo difícil?
Míralo como una oportunidad
de aprender cuán fiel es el Señor.
Luego agradécele porque aunque
no te agraden las circunstancias
que enfrentas, sí te agrada que
él esté a tu lado en cada paso del
camino. Dios estará allí para ti...
con solo pedirlo.

PAMELA McQUADE

No temas

No temas, porque yo estoy
contigo; no desmayes, porque
yo soy tu Dios que te esfuerzo;
siempre te ayudaré, siempre te
sustentaré con la diestra de mi
justicia.

Isaías 41.10

HOY

Hoy día Jesús está obrando
tantas maravillas como cuando
creó el cielo y la tierra. Su gracia
extraordinaria, su omnipotencia
maravillosa, son para el hijo que
lo necesita y que confía en él,
incluso hoy.

CHARLES E. HURLBURT Y T. C. HORTON

MIRA A LOS OJOS

Si me pidieran que diera el consejo que considero más útil para todas las personas, este sería: Espera problemas como parte inevitable de la vida, y cuando vengan mantén la cabeza en alto, míralos directamente a los ojos y di: «Seré superior a ustedes. No me pueden derrotar».

ANN LANDERS

AGÁRRALO

Agarra este buen regalo que Dios tiene para ti. Acepta la mala noticia de que eres pecador, y ofrécele a menudo ese error. Él contestará con las buenas nuevas de que Jesús murió por todo pecado, y que tu arrepentimiento ya te ha concedido lo mejor que el reino puede ofrecer: perdón para todo pecado.

PAMELA MCQUADE

Satisfacción por medio
de la alabanza

Pensar en ti Señor nos estimula
tan profundamente que no
podemos estar contentos a
menos que te alabemos, porque
nos has hecho para ti, y nuestros
corazones no encuentran paz a
menos que reposen en ti.

San Agustín

GARANTÍA BENDITA

Garantía bendita, ¡Jesús es mío!
¡Ah, qué anticipo
  de gloria divina!
Heredero de salvación,
  adquisición de Dios,
Nacido de su Espíritu,
  lavado en su sangre.

FANNY J. CROSBY

EL GRAN AMOR DIVINO

Dios, que es rico en misericordia,
por su gran amor por nosotros,
nos dio vida con Cristo, aun
cuando estábamos muertos en
pecados. ¡Por gracia ustedes han
sido salvados!

EFESIOS 2.4-5 NVI

JESÚS ES LUZ

Oí la voz de Jesús diciendo:
«Soy la luz de este mundo oscuro;
Mírame, tu mañana surgirá
y todo el día será brillante».
Miré a Jesús, y encontré en él
mi estrella, mi sol;
¡Y en esa luz de vida caminaré
hasta que los días de viaje
hayan terminado!

HORATIUS BONAR

NADA SE COMPARA

Nada se puede comparar con la belleza y el esplendor del alma en que mora nuestro Rey en total majestad. Ningún fuego terrenal se puede comparar con la luz de su amor ardiente. Ningún baluarte se puede comparar con su capacidad de perdurar por siempre.

TERESA DE ÁVILA

CUENTA TUS BENDICIONES

Cuenta tus bendiciones;
  enuméralas una por una.
Cuenta tus bendiciones;
  ¡mira lo que Dios ha hecho!
Cuenta tus bendiciones;
  enuméralas una por una.
Cuenta tus bendiciones;
  ¡mira lo que Dios ha hecho!

JOHNSON OATMAN, HIJO

LOS AMIGOS AYUDAN

Mis amigos han hecho la historia
de mi vida. En mil formas han
convertido mis limitaciones
en hermosos privilegios y me
han hecho caminar serena y
felizmente en la sombra emitida
por mi privación.

HELEN KELLER

A TRAVÉS DE CADA TORMENTA

Atravesaremos con seguridad
toda tormenta mientras nuestro
corazón esté bien, nuestra
intención ferviente, nuestro
valor inquebrantable y nuestra
confianza puesta en Dios.

FRANCISCO DE SALES

DIOS LIBERA

Señor, no sé cómo librarme de
la tentación, pero tú sabes la
manera. Has estado allí. Cuando
tropiezo, sé que tus brazos me
agarrarán; si caigo, me pones de
pie y me guías hacia adelante.
Amén.

BENDICIÓN TRAS BENDICIÓN

Dios, quien es amor (y quien si
se me permite decirlo, está hecho
de amor) simplemente no puede
dejar de derramar bendición
tras bendición sobre nosotros.
¡No debemos mendigar, porque
él simplemente no puede evitar
bendecirnos!

HANNAH WHITALL SMITH

AMAR AL SEÑOR

Mi amor por ti, oh Señor, no es
alguna vaga sensación: es positivo
y seguro. Tu Palabra sacudió mi
corazón y desde ese momento te
amo. Además de esto, todo en
mí, el cielo y la tierra y todo lo
que contienen, proclama que te
debo amar.

SAN AGUSTÍN

No es todo

Esta vida no lo es todo. Es
una «sinfonía inconclusa»
con quienes saben que están
relacionados con Dios y han
sentido «el poder de una vida
eterna».

HENRY WARD BEECHER

ANÍMATE

Yo les he dicho estas cosas para
que en mí hallen paz. En este
mundo afrontarán aflicciones,
pero ¡anímense! Yo he vencido al
mundo.

JUAN 16.33 NVI

EN TIEMPOS DIFÍCILES

Por lo general es durante
nuestros tiempos difíciles,
aquellos momentos inesperados
y no planificados, que
experimentamos a Dios
en maneras más íntimas.
Descubrimos un anhelo
insaciable de conocerlo más.

AUTOR DESCONOCIDO

El temor contra la fe

El temor aprisiona, la fe libera;
el temor paraliza, la fe fortalece;
el temor desanima, la fe alienta;
el temor enferma, la fe cura;
el temor hace inútiles, la fe hace
gente servicial; y por sobre todo,
el temor pone desesperación en
el centro de la vida, mientras la
fe se regocija en su Dios.

Harry Emerson Fosdick

Un Dios infinito

Un Dios infinito puede dar todo
de sí a cada uno de sus hijos.
No se distribuye para que cada
uno tenga una parte de él, sino
que a cada cual da todo de sí de
manera tan completa como si no
hubiera otras personas.

A. W. Tozer

Fe que obra

Esta es una fe sana, vigorosa y práctica que obra: Que es asunto del hombre hacer la voluntad de Dios; segundo, que Dios mismo cuida de ese individuo; y tercero, que por tanto esa persona no debe temerle a nada.

George MacDonald

TODO LO QUE VEMOS

Dios no ha hecho un universo
pequeño. Formó las amplias
extensiones del espacio y puso
allí los ejércitos llameantes
que vemos en la noche:
planetas, estrellas y galaxias.
Adonde quiera que vayamos
recordémonos que el Señor ha
hecho todo lo que vemos. ... Y
no solamente que lo hizo todo
sino que él está presente.

FRANCIS A. SCHAEFFER

EL DIOS DE AMOR Y PAZ

Que el Dios de amor y paz ponga
a reposar tu corazón y te apresure
en tu viaje. Que mientras tanto
te proteja en el lugar de plenitud
total donde reposarás para
siempre en la visión de paz, en la
seguridad de la confianza, y en
el alegre disfrute de las riquezas
divinas.

RAYMOND DE PENYAFORT

Una clase diferente de evidencia

Fe no significa creer sin
evidencia. Significa creer en
realidades que van más allá del
sentido y la vista... para lo cual
se necesita una clase totalmente
distinta de evidencia.

John Baillie

FUEGO INTERIOR

En algún momento en la vida de
todos se extingue nuestro fuego
interior. Es entonces cuando
estalla en llamas debido al
encuentro con otro ser humano.
Todos debemos estar agradecidos
por esas personas que reavivan el
espíritu interior.

ALBERT SCHWEITZER

EL NOMBRE DE DIOS
SEA ANUNCIADO

A la verdad yo te he puesto para
mostrar en ti mi poder, y para
que mi nombre sea anunciado en
toda la tierra.

ÉXODO 9.16

RENUÉVAME

Mientras aprendo a descansar
en ti, Señor, renuévame. Dame
la habilidad que necesito para
ser paciente, sin importar qué
problema haya a mi alrededor.
Permite que mi alegre esperanza
y mis fieles oraciones edifiquen
mi paciencia. Amén.

DIOS TE BUSCA

Si estás buscando a Dios, puedes
estar seguro de esto: Él te está
buscando aun más. El Señor es el
Amante, y tú su amado. Él se te
ha prometido.

JUAN DE LA CRUZ

PROMESAS CUMPLIDAS

Podemos depender de las
promesas de Dios, porque él
será tan bueno como su palabra.
También es tan piadoso que no
puede engañarnos, tan veraz que
no puede romper su promesa.

MATTHEW HENRY

TAN POCA COSA

¿Es tan poca cosa haber
disfrutado el sol, haber
experimentado la luz en
primavera, haber amado,
haber pensado, haber realizado
cosas; haber hecho verdaderas
amistades?

M. ARNOLD

ESPERANZA ILIMITADA

Cuando sacamos tiempo para
observar las cosas simples de
la vida no nos falta estímulo.
Descubrimos que estamos
rodeados de esperanza sin límites
que simplemente está usando
ropa informal.

ANÓNIMO

DIVINO PODER

Todas las cosas que pertenecen
a la vida y a la piedad nos han
sido dadas por su divino poder,
mediante el conocimiento de
aquel que nos llamó por su gloria
y excelencia.

2 PEDRO 1.3

AMOR ES LA CLAVE

Amor es la clave. Alegría es
amor que canta. Paz es amor
en reposo. Paciencia es amor
que soporta. Amabilidad es el
toque del amor. Bondad es el
carácter del amor. Fidelidad es
el hábito del amor. Humildad
es que el amor se olvide de sí
mismo. Dominio propio es amor
tomando las riendas.

DONALD GREY BARNHOUSE

GRACIA

Sabemos sin duda alguna que
nuestro Dios nos da cada gracia,
cada gracia abundante; y a
pesar de que nosotros mismos
somos tan débiles, esta gracia
puede llevarnos a través de todo
obstáculo y toda dificultad.

ELIZABETH ANN SETON

Un espíritu agradecido

Lo primero por qué agradecer
es por un espíritu agradecido. ...
¡Dichosos quienes poseen este
don! Las bendiciones pueden
fallar y las fortunas variar, pero el
corazón agradecido permanece.

Autor desconocido

COMO FLORES

Como las flores llevan gotas de
rocío que tiemblan en los bordes
de los pétalos, listas a caer con
la primera ráfaga de viento o el
roce de un ave, así el corazón
debería llevar sus palabras llenas
de agradecimiento. Al primer
hálito de sabor celestial, suelta
la llovizna perfumada con la
gratitud del corazón.

HENRY WARD BEECHER

ACCIÓN DE GRACIAS

Entren por sus puertas con
acción de gracias; vengan a sus
atrios con himnos de alabanza;
denle gracias, alaben su nombre.
Porque el SEÑOR es bueno y su
gran amor es eterno; su fidelidad
permanece para siempre.

SALMOS 100.4-5 NVI

Un pensamiento amoroso

Si en vez de una gema, o incluso
una flor, pusiéramos el regalo de
un pensamiento amoroso en el
corazón de un amigo, esto sería
dar como los ángeles lo hacen.

George MacDonald

EL SEÑOR CONTESTA

¿Deseas la ayuda de Dios? Tu deseo está donde corresponde. Solo pide, luego confía en que él contestará. Quizás mañana no se solucione todo problema, pero puedes saber que la ayuda está en camino. Has puesto tu fe en el Dios eterno que no falla. Habla con él esta mañana, y observa cómo aparece la ayuda.

PAMELA MCQUADE

TEN ESPERANZA

¿No sabes que el día sigue a la noche, que el torrente viene después del reflujo, que la primavera y el verano suceden al invierno? ¡Ten esperanza entonces! Dios nunca te falla.

CHARLES H. SPURGEON

QUE EL SOL BRILLE SIEMPRE

Que el sol brille siempre en el
cristal de tu ventana, que tengas
la seguridad de que un arcoíris
sigue siempre a cada lluvia.
Que una mano amiga esté
siempre cerca de ti, que Dios te
inunde el corazón con gozo para
alegrarte.

BENDICIÓN IRLANDESA

INCONMENSURABLE AMOR

Dios nos ama de manera tan
preciosa que no podemos
comprenderla. Ningún ser creado
puede siquiera saber cuánto y
con qué dulzura y ternura Dios
le ama. Es solo con la ayuda
de su gracia que podemos
perseverar espiritualmente ante
el enaltecido, incomparable e
inconmensurable amor que el
Señor en su bondad nos tiene.

JULIAN DE NORWICH

No es por mi cuenta

Señor, dirígeme cada día a
aceptar y aplicar la fortaleza que
has ofrecido, a fin de que tenga
de veras el espíritu apacible que
deseas para mí. Gracias Jesús
porque no tengo que hacerlo por
mi cuenta. Amén.

¿CÓMO PUEDO DEJAR DE CANTAR?

Mi vida fluye en una canción
   interminable;
Por sobre la lamentación del mundo
Aunque lejano oigo
   el dulce himno
Que aclama una nueva creación.
Puesto que Dios es Señor
en cielo y tierra,
¿Cómo puedo dejar de cantar?

AUTOR DESCONOCIDO

PROMESA DE UN DÍA MEJOR

Desde mucho más allá de
nuestro mundo conflictivo,
preocupante y cambiante,
nuestro Señor ilumina con luz
que no ha perdido su brillo, un
Principio radiante y que guía
a todos los que le siguen: una
Estrella de la mañana y promesa
de un día mejor.

CHARLES E. HURLBURT Y T. C. HORTON

SORPRESAS

De muchas maneras sencillas y
acogedoras, en todas nuestras
existencias Dios infunde este
elemento de gozo por las
sorpresas de la vida, las cuales
iluminan inesperadamente
nuestros días y llenan de luz
nuestros ojos.

HENRY WADSWORTH LONGFELLOW

COSAS MARAVILLOSAS

Dios tiene en mente cosas
maravillosas para ti. Si le pides,
él te mostrará los dones que
te ha dado y cómo desea que
bendigas a otros con ellos. No
esperes hasta la eternidad para
experimentar las alegrías y los
deleites de la fe; ¡comunica hoy
algunas de esas buenas nuevas!

PAMELA MCQUADE

HIJO DEL ALTÍSIMO

Ahora, concebirás en tu vientre, y darás a luz un hijo, y llamarás su nombre JESÚS. Este será grande, y será llamado Hijo del Altísimo; y el Señor Dios le dará el trono de David su padre. ... y su reino no tendrá fin.

LUCAS 1.31–33

NO TE OLVIDES DE SER

No te atarees tanto que te olvides
simplemente de *ser*. A veces
la mejor manera de no estar
abrumado por la vida es dar un
paso atrás, sacar un día, una
hora, o un instante, y observar
todo lo que Dios está haciendo
en tu existencia.

ELLYN SANNA

JESÚS

El Verbo que se hizo carne
tiene nombre. Y al acercarse
este día de días, esta temporada
de temporadas, deja que brille
en tus labios el esplendor de
ese Hombre sobre todos los
hombres: Jesús.

JAMES SMETHAM

DE LA FE A LA FE

Confía en la fortaleza de tu
Redentor, ejercita la fe que
tienes, y al poco tiempo él se
levantará sobre ti con sanidad
bajo sus alas. Ve de fe en fe
y recibirás bendición tras
bendición.

CHARLES H. SPURGEON

Sin temor

Marchamos sin temor, llenos
de esperanza, valor y fortaleza
para hacer la voluntad del
Señor, esperando la bondad
interminable que él está
dándonos de manera tan rápida
como pueda hacernos que
seamos capaces de tomarla.

George MacDonald

EL TOQUE DIVINO

El principal anhelo del Señor
es revelársete, y para hacerlo te
concede abundante gracia. Él
te da la experiencia de disfrutar
su presencia. Te acaricia, y su
toque es tan encantador que,
más que nunca antes, te atrae
interiormente hacia él.

MADAME JEANNE GUYON

Dios proveerá

Cada uno de nosotros puede
estar seguro de que si Dios nos
envía sobre sendas de piedra,
nos proveerá calzado fuerte, y
de que no nos enviará a ningún
viaje para el cual no nos haya
equipado bien.

Alexander Maclaren

HA NACIDO UN SALVADOR

No tengan miedo. Miren que
les traigo buenas noticias que
serán motivo de mucha alegría
para todo el pueblo. Hoy les ha
nacido en la ciudad de David un
Salvador, que es Cristo el Señor.

LUCAS 2.10–11 NVI

EL SEÑOR VINO A NOSOTROS

Dios vino a nosotros porque
deseaba unírsenos en el camino,
escuchar nuestra historia, y
ayudarnos a comprender que
no estamos andando en círculos
sino moviéndonos hacia el hogar
de paz y gozo.

THOMAS MERTON

EN MANOS DE DIOS

Padre celestial, deseo tu paz en
mi corazón. Toma por favor en
tus manos tiernas y amorosas
toda ansiedad y toda firme
atadura de incertidumbre,
tristeza, conflicto y desilusión.
Amén.

UN JARDÍN

Saber que aquí o allí hay
alguien con quien sientas que
existe entendimiento a pesar
de las distancias o las ideas no
expresadas... eso puede hacer de
este planeta un jardín.

JOHANN WOLFGANG VON GOETHE

ETERNIDAD

La eternidad es la casa del tesoro
divino, y la esperanza es la
ventana a través de la cual a los
mortales se les permite ver, como
a través de un cristal oscuro, las
cosas que Dios está preparando.

WILLIAM MOUNTFORD

FELICIDAD

La felicidad es un rayo de sol...
cuando toca un corazón afín,
como las convergentes luces
sobre un espejo, se refleja con
fulgor redoblado. La felicidad
no es perfecta hasta que se
comparte.

JANE PORTER

QUE SE LLEVE A CABO EN MÍ

Estamos celebrando la fiesta del
nacimiento eterno que Dios el
Padre ha dado y que se realiza
por toda la eternidad. Pero si
no se lleva a cabo en mí, ¿qué
provecho tiene? Todo reposa en
esto: que el nacimiento tenga
lugar en mí.

MEISTER ECKHART

HUMÍLLATE

Si mi pueblo, que lleva mi
nombre, se humilla y ora, y
me busca y abandona su mala
conducta, yo lo escucharé desde
el cielo, perdonaré su pecado y
restauraré su tierra.

2 CRÓNICAS 7.14 NVI

Misterio de Dios, promesa tuya

Confía en Dios cuando no lo
puedas encontrar. No intentes
atravesar las nubes que él trae
sobre ti; más bien mira el arcoíris
que hay por encima de ellas.
El misterio es de Dios;
la promesa es tuya.

John R. Macduff

NACIDO PARA LIBERAR

❧

Naciste para tu pueblo liberar
Naciste niño y sin embargo rey,
Naciste para siempre en nosotros reinar,
Y ahora a tu reino gracia llevar.
Para que tu propio Espíritu eterno
En nuestros corazones pueda reinar;
Por tu abundante mérito, Señor
Álzanos hasta tu trono de infinito
esplendor.

CHARLES WESLEY

CUANDO CRISTO NACIÓ

Una emoción de esperanza
   al abatido mundo alegra
Porque allá a lo lejos un nuevo
   y glorioso futuro se abre.
Cae de rodillas,
   y escucha las voces del ángel.
Oh noche divina,
   ¡en que Cristo nació!

JOHN S. DWIGHT

Príncipe de plenitud

Nos ha nacido un niño, se
nos ha concedido un hijo; la
soberanía reposará sobre sus
hombros, y se le darán estos
nombres: Consejero admirable,
Dios fuerte, Padre eterno,
Príncipe de paz. Se extenderán
su soberanía y su paz,
y no tendrán fin.

Isaías 9.6–7 NVI

Un cielo para todos nosotros

Muchas navidades alegres y
numerosos años nuevos llenos de
prosperidad. Amistades firmes,
grandes acumulaciones de gratos
recuerdos y afectos en este
mundo, y un cielo para todos
nosotros.

Charles Dickens

ESPÍRITU DE AMOR

Al considerar tu vida pasada
descubrirás que los momentos
en que realmente viviste fueron
aquellos en que hiciste cosas en
el espíritu del amor.

HENRY DRUMMOND

CREADOR DE LUZ

Oh Dios, creador de luz, al
levantarse tu sol esta mañana,
permite que la mayor de todas las
luces, la de tu amor,
se levante como el sol
en nuestros corazones.

IGLESIA APOSTÓLICA ARMENIA

LO QUE DIOS HARÁ

No puedes medir lo que Dios
hará a través de ti... mantén
en orden la relación con el
Señor, entonces cualesquiera
sean las circunstancias en que
te halles, y con quienquiera
que te encuentres día a día,
él derramará ríos de agua viva
a través de ti.

OSWALD CHAMBERS

En el corazón de Dios

Un lugar de calma...
  un templo de paz;
Un hogar de fe...
  donde las dudas cesan;
Una morada de consuelo...
  donde se ofrece esperanza;
Una fuente de fortaleza...
  para hacer de la tierra un cielo;
Un santuario de adoración,
  un lugar dónde orar;
Todo esto hoy día...
  en el corazón de Dios pude encontrar.

AUTOR DESCONOCIDO

BENDICIONES QUE NO TERMINAN

Padre celestial, tengo mucho
por qué agradecer. Mi lista de
bendiciones es interminable.
Que nunca deje de alabarte
y agradecerte por las muchas
bendiciones que me has dado.
Amén.

Antiguo Testamento

Nuevo Testamento